Willi Darr

Digitale Transformation zum Einkauf 4.0

Nutzenbasierte Konzeptionen zum Smart Procurement

D1735646

Willi Darr

Digitale Transformation zum Einkauf 4.0

Nutzenbasierte Konzeptionen zum Smart Procurement

tredition Verlag

Hamburg

Hardcover   ISBN 978-3-7439-6894-3

Paperback   ISBN 978-3-7439-6893-6

e-Book   ISBN 978-3-7439-6895-0

Bibliografische Information der Deutschen Nationalbibliothek

Die Deutsche Nationalbibliothek verzeichnet diese
Publikation in der Deutschen Nationalbibliografie;
detaillierte bibliografische Daten sind im Internet über
http://dnb.dnb.de abrufbar.

© 2017 Willi Darr

Herstellung und Verlag
tredition GmbH, Hamburg

Vorwort

Der Zusatz 4.0 steht in der aktuellen wirtschaftlichen, gesellschaftlichen und wissenschaftlichen Diskussion für die Zukunft der Wettbewerbsfähigkeit der industrialisierten Welt. Seinen Ursprung nahm diese Diskussion anlässlich der Hannover Messe 2011, bei der der Begriff Industrie 4.0 erstmals eingeführt wurde. Hierbei wird die sogenannte Smart Factory als ideales Ziel postuliert. Auf der Grundlage von cyber-physischen Systemen, dem Internet der Dinge und der horizontalen bzw. vertikalen Integration der Informationsverarbeitung sollen deutliche Vorteile im internationalen Wettbewerb erzielt werden. Die digitale Transformation der Fertigung schafft damit den Wechsel von der Industrie 3.0 zur Industrie 4.0.

In der Folge hat sich die Industrie 4.0-Diskussion auf fast alle Lebensbereiche ausgedehnt. So ist die Verwendung von Logistik 4.0, von Arbeit 4.0, von Innovation 4.0 oder vom Risiko 4.0 eine gleichberechtigte sprachliche Selbstverständlichkeit geworden. Es wird beispielsweise im Positionspapier des Wissenschaftlichen Beirats der Bundesvereinigung Logistik e. V. die Forschung zur Logistik 4.0 als *conditio sine qua non* bezeichnet, da eine flexible Prozesssteuerung der Wertschöpfung ohne Logistik gar nicht denkbar ist. Den gleichen Anspruch kann das Einkaufsmanagement in die Diskussion einbringen, da die internationale Arbeitsteiligkeit von einem geringeren Anteil der Eigenfertigung (Make) und einem deutlich größeren Anteil des Fremdbezugs (Buy) ausgeht. Die Studien des Statistischen Bundesamtes hierzu sprechen in allen Branchen eine eindeutige Sprache: Die Einkaufstiefe ist deutlich höher als die Fertigungstiefe.

In dieser Arbeit wird die Thematik zum Einkauf 4.0 erörtert und diskutiert. Das Einkaufsmanagement, das historisch einen zeitlich späteren Aufschwung als das Management der Produktion, der Logistik, der Supply Chain oder des Controllings genommen hat, sieht sich nun in dieser Entwicklungsphase einer besonderen Herausforderung der digitalen Transformation gegenübergestellt. Diese intensive Diskussion der gleichzeitigen Entwicklung und Transformation zeigt sich an der Zahl der jüngsten Veröffentlichungen zum Thema Einkauf 4.0 bzw. Procurement 4.0.

Die Diskussion in dieser Arbeit wird durch zweierlei Brillen vorgenommen: zum einen basiert sie auf einer Einteilung des Einkaufsmanagements in die Themen des Lieferantenmanagements (Bei wem?), dem Materialmanagement (Was und wie viel?) und dem Management der Einkaufsorganisation (Wer?). Diese drei Managementbereiche werden jeweils aus Sicht der Infrastruktur und aus Sicht der Prozesse betrachtet. Zum anderen basiert die Konzeption auf einer Dreiteilung zur Bedeutung des Einkaufs innerhalb der Unternehmensführung: Es werden die drei Nutzenkategorien *Prozessnutzen*, *Ergebnisnutzen* und *Kundennutzen* unterschieden. Durch die differenzierte Nutzenbetrachtung können spezifische Strategien zum Smart Procurement im Rahmen der Unternehmensführung formuliert werden.

Die drei Strategien gestatten es, die digitale Transformation zum Einkauf 4.0 differenzierter auszugestalten und rational zu begründen. Zum Einstieg in diese Diskussion wird ein kurzer

Status zur Industrie 4.0-Diskussion gegeben, um die Elemente und die Wirkungsweise der Digitalisierung besser verstehen und einordnen zu können. Danach erfolgt eine Beschreibung und Diskussion der in den letzten Wochen und Monaten erschienenen Konzepte zum Einkauf 4.0. Anschließend wird eine neue, nutzenbasierte Konzeption, d. h. drei Strategien zum Einkauf 4.0, in die wissenschaftliche Diskussion eingebracht, die auf den drei Ebenen der Bedeutung des Einkaufs fußt.

Ich würde mich freuen, wenn Sie als Leser persönliche Erkenntnisse für die digitale Transformation im Einkauf gewinnen können. Für Studenten als Leser hoffe ich, ein besseres Verständnis der stattfindenden Entwicklungen zu erzielen, und für Praktiker als Leser hoffe ich, Anregungen für die eigene Diskussion und Umsetzung schaffen zu können.

Viel Spaß beim Lesen.

Willi Darr

Inhaltsverzeichnis

Abbildungsverzeichnis

XII

1. Einführende Überlegungen

Der Zusatz 4.0 ist heutzutage ein selbstverständliches Merkmal aller Diskussionen zur Zukunft von Industrie und Gesellschaft. Mit diesem werden inhaltlich die Attribute der Digitalisierung, die Erhöhung der Flexibilität der Wertschöpfung und die Steigerung der globalen Wettbewerbsfähigkeit verbunden. 4.0 gilt als die dominante Zauberformel der Zukunft. Eine Diskussion zur Wettbewerbsfähigkeit auf Kongressen, in Fachzeitschriften oder in öffentlichen Debatten ohne den Zusatz 4.0 würde den Nimbus der Modernität und der Zukunftsfähigkeit verlieren.

Aus Sicht eines Industrielandes (z. B. Deutschland) ist es aus diesem Grunde nicht verwunderlich, dass hier die Diskussion zur Industrie 4.0 gestartet wurde. Der Zusatz 4.0 wird allerdings nicht mehr exklusiv für die industrielle Fertigung verwendet. Mittlerweile werden sämtliche Lebensbereiche mit diesem modernen ergänzenden Merkmal versehen: Arbeit, Organisation, Lieferant, Führung, Risiko, Logistik und viele weitere. In dieser Arbeit wird der Einkauf bzw. das Einkaufsmanagement hinsichtlich seiner 4.0-Ausgestaltung untersucht.

Die Arbeitsteiligkeit in der Lieferkette fordert diesen Fokus auf den Einkauf: Die seit längerem anhaltende Entwicklung zur Reduzierung der Fertigungstiefe bzw. zur Erhöhung der Einkaufstiefe bei gleichzeitiger Erhöhung des Innovationstempos und der weltweiten Verteilung der Fertigungsschritte haben das Einkaufsmanagement in den

Rang einer strategisch bedeutsamen Funktion der Unternehmensführung katapultiert. Dem Einkaufsmanagement kommt damit nicht nur die Aufgabe der Abwicklung von Beschaffungsaufträgen zu, sondern auch der Aufbau des Lieferantennetzwerkes und die aktive Gestaltung von Innovationsprozessen in der Supply Chain. Die Leistungen des Einkaufs beeinflussen heute neben den Rahmenbedingungen der eigenen Fertigung auch die einzigartige Profilierung gegenüber Wettbewerbern. Demzufolge ist eine Industrie 4.0-Diskussion ohne den Einkauf 4.0 gar nicht denkbar. Der Einkauf 4.0 ist auch eine *conditio sine qua non* im Rahmen von Industrie 4.0.

Das Einkaufsmanagement hat sich erst in den letzten Jahren als gleichwertige Funktion innerhalb der Unternehmensführung entwickelt. Mit der Öffnung der Märkte haben sich globale Wertschöpfungsketten etabliert, die sich in allen Facetten des Leistungswettbewerbs weiterentwickelt haben. Das Einkaufsmanagement sollte hierbei neben der Produktion und dem Marketing eine gleichberechtigte Rolle einnehmen. Diese drückt sich auch in der aktiven Beteiligung an der 4.0-Diskussion aus und ist zumindest anhand der aktuellen Veröffentlichungen hierzu ablesbar. So sind in jüngster Zeit mehrere Konzeptvorschläge zum Einkauf 4.0 bzw. Procurement 4.0 veröffentlicht worden. Auf diese wird im späteren Verlauf der Arbeit im Detail eingegangen.

Die Entwicklung einer Wertschöpfungskette 4.0 mit den Elementen Industrie 4.0, Logistik 4.0 und Einkauf 4.0 stellt sich in der Realität allerdings noch nicht als Normalität ein. Der begründeten Bedeutungsdiskussion steht eine verhaltene Umsetzung gegenüber. Die fehlende praktische Ausgestaltung lässt die 4.0-Umsetzungen noch als riskant erscheinen, sodass hierzu auch Erfahrungswerte und Know-how bei den Führungskräften fehlen bzw. noch nicht ausgeprägt sind. Dieses Spannungsfeld zwischen Wunsch und Wirklichkeit kommt in zwei Zitaten zum Ausdruck.

Das erste Zitat stammt aus einer Veröffentlichung der Vandermeergruppe: *„Was bedeutet Einkauf 4.0 im Tagesgeschäft und ist der Einkauf heutzutage nicht bereits Einkauf 3.9?"* (Krauskopf, 2017). Diese indirekte Frage lässt den Schluss zu, dass die digitale Umsetzung der Einkaufsprozesse weitestgehend abgeschlossen ist. Rein rechnerisch fehlen nur 0.1 zur vollständigen Umsetzung eines Einkaufs 4.0. Man ist eigentlich kurz vor der Ziellinie.

Das zweite Zitat stammt von M. Henke im Vorwort der gemeinsamen Studie von Fraunhofer IML und der Bundesvereinigung Materialwirtschaft und Einkauf e. V. aus dem Jahr 2016: *„Dagegen wird der Einkauf in diesen Diskussionen [Anm.: zur Industrie 4.0] noch nicht wirklich wahrgenommen."* (Vorwort von M. Henke in: Pellengahr et al., 2016, S.6). Diese Aussage widerspricht der gleichberechtigten Bedeutung des Einkaufs im Vergleich zur Produktion und bringt den konzeptionellen Rückstand des Einkaufsmanagements zur modernen Ausgestaltung der Wertschöpfungsketten zum Ausdruck. Man ist eigentlich noch nicht wirklich gestartet.

3

Gerade dieses Spannungsverhältnis erfordert eine konzeptionelle Diskussion, um den Lückenschluss herzustellen und die Leistungsfähigkeit der eigenen Wertschöpfungskette nicht durch Engpässe im Einkaufsmanagement zu gefährden.

In dieser Arbeit wird *eine nutzenbasierte Konzeption* zum Einkauf 4.0 entwickelt, die den Anspruch eines gleichberechtigten Beitrages innerhalb der Unternehmensführung zum Ausdruck bringt. Hierzu werden auf der Grundlage der Kernelemente von Industrie 4.0 (Kapitel zwei) die aktuell diskutierten Konzeptionen zum Einkauf 4.0 (Kapitel drei) erläutert und bewertet. Vor diesem Hintergrund wird dann eine eigenständige Konzeption entworfen (Kapitel vier). Abschließend wird der Einkauf 4.0 vor dem Hintergrund einer gesellschaftskritischen Technologiediskussion und zentralen technologieunabhängigen betriebswirtschaftlichen Grundaussagen eingeordnet (Kapitel fünf).

4

2. Grundgedanken der Industrie 4.0

a. Von der Industrie 1.0 bis zur Industrie 4.0

Die Darstellungen zur Digitalisierung der Wertschöpfungskette beginnen mit einem historischen Rückblick in das 18. Jahrhundert.

Den Ausgangspunkt bildet der erste mechanische Webstuhl aus dem Jahre 1784 (*Industrie 1.0*), mit dem die Ära der Manufaktur abgelöst wurde. In der Folgezeit sind – insbesondere aus England – eine Reihe an Innovationen hervorgegangen. Mit Beginn des 20. Jahrhunderts wurde die Arbeitsteiligkeit in Form eines Fließbandes vollzogen (*Industrie 2.0*). Hierbei wurde die Gesamtproduktion in Form einer Abfolge von einzelnen Arbeitsschritten organisiert. Meilensteine dieser Entwicklung sind zum einen die wissenschaftliche Betriebsführung von Taylor, der mit seinem Buch *The Principles of Scientific Management* den Taylorismus begründete, und zum anderen die Fließbandproduktion des Ford T-Modells aus den zwanziger Jahren. Mit der Entwicklung der Elektronik konnte mit Beginn der siebziger Jahre des 20. Jahrhunderts die Automatisierung einen weiteren Entwicklungsschub vollziehen (*Industrie 3.0*). Die Entwicklung erfolgte dabei über die speicherprogrammierbare Steuerung der Fertigungsautomaten.

Den nächsten Quantensprung zur Leistungsfähigkeit der Wertkette wird der Industrie 4.0 zugeschrieben. Mittlerweile lassen sich mehrere Definitionen zur Industrie 4.0 finden.

5

Eine zentrale Definition stammt von Kagermann et al. (2012):

„Ein Kernelement der Industrie 4.0 ist die intelligente Fabrik – die Smart Factory. Sie zeichnet sich durch eine neue Intensität sozio-technischer Interaktion aller an der Produktion beteiligten Akteure und Ressourcen aus. Im Mittelpunkt steht eine Vernetzung von autonomen, sich situativ selbst steuernden, sich selbst konfigurierenden, wissensbasierten, sensorgestützten und räumlich verteilten Produktionsressourcen (Produktionsmaschinen, Roboter, Förder- und Lagersysteme, Betriebsmittel) inklusive derer Planungs- und Steuerungssysteme. [...] Die Produkte der Smart Factory sind eindeutig identifizierbar, jederzeit lokalisierbar und kennen ihre Historie, den aktuellen Zustand sowie alternative Wege zum Zielzustand. Alle Sensoren und Aktuatoren in der Smart Factory stellen ihre Daten als semantisch beschriebene Dienste bereit, die von den entstehenden Produkten gezielt angefordert werden können." *(Kagermann et al., 2012, S.12).*

Die Entwicklung zur Industrie 4.0 wird hierbei anhand mehrerer technischer Merkmale der Datenerfassung und deren Verarbeitung zum Zwecke der Selbststeuerung der Wertschöpfung zum Ausdruck gebracht:

- *Internet of Things* (IoT) als Ausdruck der Steuerungsfähigkeit aller Systemelemente im Netzwerk,
- eine weit verbreitete *Sensorik* zur Erfassung von Zuständen von Maschinen, Materialien und Umweltzuständen,

- die *cyber-physischen Systeme* (CPS) zur automatischen Übertragung und Vernetzung der Systeme in einem Netzwerk bei eigenständiger Selbststeuerung und
- die *Smart Factory* als finaler Ausdruck selbststeuernder dezentraler Fertigungsprozesse in der Wertschöpfungskette.

Diese im Kern technisch ausgerichtete Definition von Industrie 4.0 wird nun von Obermaier mit betriebswirtschaftlich organisatorischem Bezug versehen. Für ihn ist „Industrie 4.0" *eine Form der industriellen Wertschöpfung, die durch Digitalisierung, Automatisierung und Vernetzung aller an der Wertschöpfung beteiligten Akteure charakterisiert ist und auf Prozesse, Produkte und Geschäftsmodelle von Industriebetrieben einwirkt* (Obermaier, 2016, S. 8). Er verbindet damit die technischen mit den betriebswirtschaftlichen Aspekten, die für Wegener (2017, Folie 8) im Verschmelzen von Office Floor mit dem Shop Floor zum Ausdruck kommen.

Durch die Integration cyber-physischer Systeme in Produktion und Logistik lassen sich nun die einzelnen Teilschritte der Fertigung ohne Medienbrüche vernetzen. Sämtliche Systemzustände werden hierbei permanent erfasst und in Echtzeit allen relevanten Folgestufen zur Verfügung gestellt. Damit sind alle Prozesse und Zustände datentechnisch transparent und können zur Produktionsplanung und Produktionssteuerung herangezogen werden. Ein weiteres wesentliches Merkmal ist die dezentrale Entscheidungsfähigkeit jedes Systemelements. Hierzu werden die Wertschöpfungsketten horizontal (d.h. alle Stufen der Wertkette) und vertikal (d.h. in allen hierarchischen Stufen der Produktionsplanung und -steuerung) vernetzt. Im Ergebnis ändert sich die Zusammenarbeit in der Supply Chain grundlegend: *„Denn Wertschöpfung findet nicht länger sequenziell und zeitversetzt statt, sondern in einem Geflecht ständig kommunizierender und flexibel aufeinander reagierender Einheiten, die sich weitgehend selbst organisieren."* (Roland Berger, 2015, S. 17).

Unstrittig ist der Anspruch einer Umsetzung von Industrie 4.0: die Steigerung der Wettbewerbsvorteile durch eine Steigerung des Kundennutzens, durch eine Erhöhung der Flexibilität bzw. durch eine Senkung der Kosten. Insbesondere die Erhaltung der eigenen Wettbewerbsposition wird als Zielsetzung hervorgehoben, um nicht über Nacht „geubert" zu werden (Begriff „geubert" bei Roland Berger, 2015, S. 17).

Als Einsatzgebiete von Industrie 4.0 werden das Maschinen- bzw. Anlagenmanagement (Zustandsüberwachung und Instandhaltung), das Prozessmanagement (Prozessüberwachung und -steuerung) und die Entscheidungsunterstützung mittels Assistenz- bzw. Frühwarnsystemen hervorgehoben. Diese Diskussion wird überwiegend aus Sicht der Fertigung (Industrie 4.0) und aus Sicht der Logistik (Logistik 4.0) geführt. Hierbei stehen die Automobil- und die Elektroindustrie, die Logistik, die Medizin- und Energietechnik sowie der Maschinen- und

Anlagenbau im Mittelpunkt der Diskussion (siehe z. B.
Roland Berger, 2015, S. 23 ff.).

b. Elemente von Industrie 4.0

Es werden im Folgenden die betriebswirtschaftlich-
organisatorischen Elemente der 4.0-Wertschöpfungskette
erläutert, um das Entscheidungsfeld einer 4.0-Lösung aufzuzeigen.

Als erstes wird die operative *Echtzeitsteuerung* hervorgehoben. Dies setzt eine Entkoppelung der einzelnen
Prozesse innerhalb des Gesamtsystems voraus. Ansonsten
könnte die dezentrale Entscheidung inhaltlich nicht
umgesetzt werden. Zweitens wird die *Kundenindividualität*
der Endprodukte betont. Damit stehen die Prognose des
Kundennutzens bzw. die intensive Vertriebsarbeit als
Voraussetzungen der Umsetzung in der Produktion fest. Der
dritte Aspekt betrifft die *Zielsetzungen* bei Industrie 4.0. Die
klassischen Ziele der Fertigung und der Logistik sind die
geringe Durchlaufzeit durch die Fertigung, die hohe
Auslastung der Fertigungsanlagen und die geringen
Bestände innerhalb der Fertigung. Der postulierte Mehrwert
durch die Vernetzung und die Dezentralität der Entscheidungen benötigt nun Pufferzeiten zum Aufbau von
Systemflexibilität. Zum vierten gilt es zu hinterfragen, nach
welchen Zielkriterien die dezentralen Einheiten ihre
Entscheidungen treffen. Dies setzt einerseits eine Organisation mit einvernehmlich übergeordneten Zielen und

andererseits eine modularisiert aufgebaute Fertigungs-organisation voraus. Zum fünften führt diese Flexibilität zu Leerkapazitäten und Kostenremanenzen, die von einem Systemunternehmen in der *Bilanz* zu verarbeiten sind. Zum sechsten spielt die Sensorik eine herausgehobene Rolle im Rahmen der Datenerfassung. Die Erfassung der technischen Zustände ist heute nicht mehr in der Diskussion, sondern es sind die *ethischen* und *rechtlichen* Fragen personen-bezogener Zustände und Eigenschaften zu klären. Zum siebten besteht ein enormer *Qualifikationsbedarf* für die Ausgestaltung der IT-Infrastruktur und IT-Prozesse. Siehe hierzu die aus einer Logistikperspektive geführte Diskussion bei BVL (2017a), die in ihrer Grundsätzlichkeit auch für Industrie 4.0 gilt.

Die Rolle des Mitarbeiters wird hierbei kontrovers bewertet. Auf der einen Seite wird die intelligente Unter-stützung in Echtzeit und das Schaffen neuer Arbeitsplätze hervorgehoben. Auf der anderen Seite wird z.B. bei Frey/Osborne (2013), Wolter et al. (2015) oder Chui et al. (2016) von einem (dramatischen) Abbau von Arbeitsplätzen gesprochen.

Damit wird deutlich, dass Industrie 4.0 nicht nur im Aufbau einer technischen Infrastruktur zu verstehen ist, sondern auch einen Kultur- und Strategiewandel beinhaltet (siehe insbes. die kulturellen und organisatorischen Schwer-punkte der Studie von Schuh et al., 2017). Insgesamt kann und soll die Umsetzung von Industrie 4.0 als wesentliche Strategie zum Aufbau und zum Ausbau der internationalen

Wettbewerbsfähigkeit angesehen werden. (Siehe auch Roland Berger, 2015 und PwC, 2014).

Den zentralen Ankerpunkt sieht die Forschergruppe von acatech im Aufbau der *Agilität* der Wertschöpfung (Schuh et al., 2017, S. 7). Die Auffächerung der Merkmale der Agilität erfolgt über die Beschleunigung der Problemerkennung, der Entscheidungen und der Anpassungsprozesse in der Wertschöpfung. Nur so kommen die Vorteile der echtzeitfähigen und cyber-physisch vernetzten Anlagen und Menschen zum Tragen. Beispielhaft werden folgende Ausgestaltungen zur Umsetzung bei Schuh et al. (2017, S. 10) dargestellt:

- massenhafte Verfügbarkeit von Daten und Informationen für schnellere *Entscheidungsprozesse*,

- schnellere *Reaktion* auf eine zunehmende Marktdynamik ihrer Kunden,

- schnellere und kundenspezifischere *Entwicklung* neuer Produkte,

- schnellere *Markteinführung* (Time-to-Market).

Zu ähnlichen Ergebnissen kommen auch PwC (2014) und Roland Berger (2015). Es wird deutlich, dass der *Faktor Zeit* in allen unternehmerischen Prozessen aus Sicht von Industrie 4.0 den Fokus bildet. Dies bezieht sich nicht nur auf die operativen Produktionsprozesse, sondern auch auf die Prozesse der Produktentwicklung und der hierarchisch unternehmensinternen Koordination der Wertschöpfung.

11

Die technologischen Elemente von Industrie 4.0 bilden nun die Voraussetzungen, um diese digitale Transformation überhaupt erst zu ermöglichen. Es bedarf keiner weiteren Erläuterung, dass die Echtzeitfähigkeit der Daten, die Integration von Systemen, die Analyse von Big Data, die vertikale und horizontale Integration von Prozessen und Systemen, der Einsatz cyber-physischer Systeme und die Assistenzsysteme zur Entscheidungsunterstützung insgesamt die technischen Voraussetzungen zur Gestaltung der Agilität beschreiben.

Als Fazit der Charakterisierung von Industrie 4.0 lässt sich festhalten, dass mit Industrie 4.0 eine *spezifische Form der Fertigungsorganisation* geschaffen werden kann, in der umfangreiche(re) Daten der Wertkette als zusätzliche Informationen zur flexiblen, autonomen und zeitnahen Steuerung und Ausgestaltung der Wertschöpfung herangezogen werden. Als *technische Voraussetzungen* werden neuere Entwicklungen der Erfassung (z. B. Sensorik, Datenstandards), der Übermittlung (z. B. horizontale und vertikale Vernetzung zur Überwindung von Medienbrüchen und Schnittstellen) und der Verarbeitung (z. B. CPS, Applikationen zur Analyse und Steuerung der Wertkette) eingesetzt. Als *betriebswirtschaftliche Voraussetzungen* sind insbesondere die Prozessorganisation, die Festlegung relevanter Beurteilungskriterien und deren Messbarkeit, die Vorgehensweisen zur Beurteilung der Risiken bzw. der Folgewirkungen in der Wertkette zu schaffen.

Dieser breiten definitorischen Diskussion steht eine bescheidenere Umsetzungsdiskussion gegenüber. Trotz der auch internationalen Vernetzung von Wissenschaft, Politik und Wirtschaft und der immensen Wertschöpfungspotenziale von Industrie 4.0 ist der Umsetzungsstand noch ernüchternd. Schuh et al. bringen dies auf den Punkt: *„Realistisch betrachtet, scheinen Potenziale dieser Größenordnung [Anm.: 100 bis 150 Milliarden Euro] in der industriellen Realität noch in weiter Ferne. [...] In der Umsetzung befinden sich zurzeit häufig lediglich singuläre Piloten in den Unternehmen, die eher den Charakter einer technologischen Machbarkeitsstudie haben."* (Schuh et al., 2017, S. 10). Dies wird von den Autoren von acatech auf die *fehlende Nutzentransparenz* zurückgeführt (S. 10).

So unterscheiden Porter/Heppelmann (2015) in ihrer Arbeit insgesamt vier Nutzenkategorien von 4.0-Produkten:

- *Monitoring*: Überwachung des Produkt- und Umgebungszustandes bzw. der Produktnutzung.

- *Control*: Erweiterte Fernsteuerung von einzelnen Produktfunktionen und neuartige Produktindividualisierungen.

- *Optimization*: Einsatz von Algorithmen zur vorausschauenden Instandhaltung oder für verbesserte Produktionsprozesse.

- *Autonomy*: Eigenständige Diagnose und Prozesssteuerung.

13

Obermaier (2016, S. 16 ff.) hingegen betont die Auswirkungen auf die *Prozesse* (z. B. Verringerung nicht-wertschöpfender Tätigkeiten und der Rüstzeiten sowie höhere Prozesstransparenz und -sicherheit bei der Leistungserstellung), auf die *Produkte* (z. B. Produktinnovationen im Sinne von intelligenten und vernetzten Produkten) und die zukünftigen *Geschäftsmodelle* (z. B. Contractual Service Agreements, optimierte Anlagennutzung oder neuartige Betreibermodelle).

Die bislang geführten Nutzenkonzeptionen scheinen diesbezüglich noch nicht ausreichend zu sein. Anscheinend ist die argumentative Verbindung zwischen den Ausgestaltungen von Industrie 4.0 und den Nutzenkategorien noch nicht grundlegend herstellbar bzw. beschreibbar. An Beispielen in der Literatur für bestehende Umsetzungen hingegen besteht indes kein Mangel.

Im Folgenden wird zunächst der Blick auf weitere Bereiche der 4.0-Diskussion gerichtet, um eine umfassendere Charakterisierung von 4.0-Konzepten zu ergründen.

c. Weitere 4.0-Elemente: Logistik 4.0, Organisation 4.0, Kultur 4.0, Führung 4.0 und Einkauf 4.0

Die bisherigen Ausführungen zeigen eine isolierte unternehmensinterne Betrachtung der Fertigungsorganisation und der Fertigungsprozesse. Diese werden der Industrie 4.0-Diskussion allerdings nicht gerecht. Zu Recht weist zunächst

14

die BVL darauf hin, dass die *Logistik 4.0* eine *conditio sine qua non* darstellt (BVL, 2017a, S. 5).

Neben diesem fehlenden Element ‚Logistik' stellen die Autoren der acatech Studie (Schuh et al., 2017) weitere Engpässe in den Mittelpunkt ihrer Diskussionen: die Organisation bzw. die Kultur des Unternehmens. In diesem Sinne müssten die Autoren ihre technisch dominierten Forschungen um die Organisation 4.0 und die Kultur 4.0 erweitern. Die Organisation und die Führung dieser Wertschöpfungsketten in der Supply Chain bedingen zudem eine entsprechende Ausgestaltung in Richtung Organisation 4.0 bzw. Führung 4.0. Nur so kann der Anspruch des *Game Changers* (O. V., 2017a) durch die Implementierung von 4.0-Anwendungen auch umgesetzt werden.

In der Studie von Schuh et al. (2017) werden hierzu erste Schritte unternommen, indem folgerichtig in deren Abschnitten 4.3 (Organisationsstruktur) und 4.4 (Kultur) die sozialen Engpässe der Umsetzung von Industrie 4.0 erörtert werden. Die Diskussion der internen *Organisation* wird dabei an den Entscheidungsrechten und der Motivationswirkung der Vergütung festgemacht. Die Autoren erkennen, dass die Organisation auch im Wertschöpfungsnetzwerk (Abschnitt 4.3.2) zu erfolgen hat.

Die *kulturellen* Aspekte der Studie von Schuh et al. (2017), in dem der Führungsstil, das Vertrauen in die Prozesse, die Offenheit für Innovationen, das datenbasierte Lernen und die Fehler als Schätze hervorgehoben werden,

belegen die hohe Bedeutung der Strategie und der Strategie-
entwicklung für die Umsetzung von Konzepten. Die
Technik alleine greift hier zu kurz. Diese Aspekte der Kultur
und der Organisation im digitalen Zeitalter sind beispielsweise dann bei Kreutzer et al. (2017) weiter vertieft worden.

Angesichts der Einkaufs- bzw. Fertigungstiefe in allen
Industrieunternehmen wird nun auch der *Einkauf 4.0* ebenso
zum notwendigen Bestandteil von Industrie 4.0 (oder sollte
er sein). So erkennen Schuh et al.:

*„Das Konzept der [...] strategischen Erfolgspositionen
besagt, dass ein Unternehmen sich klar auf einige wenige
Kompetenzen fokussieren soll und damit Einzigartigkeit am
Markt erlangt. [...] Konkret stellt sich Unternehmen die
Frage, welchen Beitrag sie [Anm.: die Lieferanten] für die
Befriedigung des Bedürfnisses der Endkundinnen und
-kunden leisten können. Auch wenn das Unternehmen
[Anm.: der Lieferant] diese nicht direkt beliefert, ist sein
Produkt oder seine Leistung Bestandteil einer Lösung für die
Endkundin oder den Endkunden. "* (Schuh et al., 2017, S. 32).

Die Erörterung von Einkauf 4.0 ist hingegen nicht in dem
Maße entwickelt worden, obwohl hohe Anforderungen der
Unternehmensführung an den Einkauf gerichtet werden:
hohe Effizienz (Prozesse und Einkaufsleistungen), zusätzliche Effektivität (neue Lösungen durch die Supply Chain)
und strikte Beachtung des Compliance/ des Risikos (Sicherstellung von gesetzlichen Anforderungen, der Konformität
der Abläufe und der Ergebnissicherheit).

Der Einkauf 4.0 wird in den Diskussionen allerdings nur
untergeordnet erwähnt und scheint demzufolge noch kein

vorrangiges Einsatzgebiet aus Sicht der Industrie 4.0-Diskussionen darzustellen. Selbst die kürzlich erschiene Studie von Schuh et al. (2017, insbes. Kapitel 5) weist den Einkauf noch nicht einmal als betriebliche Funktion aus. So wird in dieser acatech Studie der Einkauf vereinzelt nur in Unteraspekten erwähnt: Beispielsweise wird der Einkauf als Anwender von 4.0-Applikationen gesehen (S. 27). Doch im Rahmen der Diskussion der Organisationsstruktur (S. 9 ff.) oder als Bestandteil der Funktionsbereiche eines Unternehmens (S. 38 ff.) findet der Einkauf keine Erwähnung.

Als weiterer Beleg hierzu werden die Nennungen im Rahmen einer Google Suche (Stand: September 2017) herangezogen:

- Stichwort *Industry 4.0* mit ca. 183 Millionen Treffern,

- Stichwort *Procurement 4.0* mit nur ca. 20 Millionen Treffern,

- Stichwort *Einkauf 4.0* mit nur ca. 452.000 Treffern.

Der Stand der Umsetzung eines Smart Procurement ist dann auch nicht überraschend auf einem ähnlich geringen Niveau wie die Umsetzung zur Industrie 4.0 (siehe zur Umsetzung von Industrie 4.0 die Aussagen von Schuh et al., 2017 oder O. V., 2017b). So fassen Bogaschewsky und Müller den Stand zum Einkauf 4.0 wie folgt zusammen:

„Hinsichtlich der Themen elektronische Unterstützung des Risikomanagements in der Supply Chain und Industrie 4.0 ist jedoch insgesamt die Lage mehr als 'ernüchternd. Allem Hype um das Thema Internet of Things zum Trotz,

17

haben die Unternehmen und deren Einkaufs-/SCM-Abteilungen hierzu kaum klare Strategien, geschweige denn in relevantem Umfang konkrete Anwendungen. Zudem konzentrieren sich die erwarteten Anwendungen auf mehr oder weniger evolutionäre Verbesserungen innerhalb bestehender Systeme, wohingegen „disruptive Innovationen" unter Entwicklung neuer Geschäftsmodelle u. ä. nur in Ausnahmefällen in der Vorstellungskraft der Verantwortlichen zu liegen scheinen." (Bogaschewsky/Müller, 2016, S. 5).

Damit werden der Wunsch und die Notwendigkeit eines digitalen Einkaufs einerseits breit diskutiert, doch die Umsetzung ist vage bis offen, d. h. ernüchternd (siehe z.b. auch Deloitte, 2016). An dieser Stelle wird (wieder in Analogie zur Industrie 4.0) die These vertreten, dass die *fehlende Nutzentransparenz* eine wesentliche Hemmschwelle zur digitalen Transformation darstellt. Die empirischen Ergebnisse von Bogaschewsky/Müller (2016, S. 4-5) belegen dies:

- Das Thema wird zu 18 % als sehr hoch und zu 46,7 % als hoch eingestuft.

- Die Umsetzung soll zu 57,4 % in 3-5 Jahren und zu 29,7 % in mehr als fünf Jahren erfolgen.

- 47,8 % haben keine inhaltliche Strategie und nur 38,1 % haben nur eine grobe Vorstellung von der digitalen Transformation des Einkaufs.

- Die inhaltlichen Schwerpunkte konzentrieren sich hierbei auf die Automatisierung von Prozessen, die Erhöhung der Produktivität (70 %), die Erhöhung der Flexibilität (58,6 %) und der Verbesserung des Kundenservice (52,9 %).

18

- Die Beteiligung des Einkaufs erfolgte zu 45,2 % nicht bzw. zu 12,9 % wurde der Einkauf nur als nachgeordnete Partner vorgesehen.

- Die im Einsatz befindlichen Lösungen sind zu 11,4 % Entwicklungsprojekte mit Lieferanten, zu 10,8 % Bedarfsvorhersagen und zu 7,6 % Verbesserungen der Produktionsplanung.

Es ist daher offenkundig, dass das Einkaufsmanagement demzufolge noch kein gleichberechtigter Partner dieser Wertschöpfungsdiskussion geworden ist. Dies ist ein Grund mehr, an der Überwindung der konzeptionellen Grenzen der Nutzentransparenz zu arbeiten. Die beschriebene Lücke gilt es zu schließen. Es werden genau die fehlenden Nutzenaspekte erarbeitet, um damit unternehmerische und wettbewerbliche Vorteile gestalten zu können.

In der Grundlogik von 4.0-Konzepten wird die zusätzliche und zeitnahe Datenverfügbarkeit für wettbewerbsrelevante Erkenntnisse zwecks besserer (smarterer) dezentraler Planungs- und Steuerungsentscheidungen nutzbar gemacht. Die Tatsache, dass jeder Schritt der Wertkette oder des Auftragszyklus digitalisiert ist, bedeutet nicht automatisch, einen hohen Reifegrad von Industrie 4.0 einzunehmen. Erst aus der Verknüpfung der Sachverhalte und deren Relevanz für die Planung und Steuerung entsteht der Nutzen. Die technischen Entwicklungen der Datenerfassung, -speicherung, -vernetzung, -verarbeitung und die Möglichkeiten der Überwindung von Medienbrüchen (d. h. Wechsel von Medien, in denen die Daten vorliegen) und der

19

Handhabung von Schnittstellen (d. h. der Übertragung von Daten zwischen Applikationen) haben diese 4.0-Diskussion allerdings erst möglich gemacht.

Aus diesem Grunde werden im Folgenden die bestehenden Konzepte zum Einkauf 4.0 dargestellt, um auch deren Entwicklungsstand zum Einkauf 4.0 genauer zu beleuchten. Deren Bewertung erfolgt dabei auf der Grundlage der Zielsetzungen und Nutzendiskussionen des 4.0-Anspruchs.

3. Diskussion von Konzeptionen zum Einkauf 4.0

a. Procurement 4.0 von h&z

Die erste hier diskutierte Konzeption stammt von den Autoren Batran, Erben, Schulz und Sperl, vier Berater des Unternehmens h&z aus München, aus dem Jahr 2017. Durch ihre Tätigkeit als Unternehmensberater haben die Autoren einen breiten Einblick in die Leistungsfähigkeit der Einkaufsorganisationen und ihrer Wirksamkeit im Unternehmen erhalten.

Die Autoren betrachten die technische (digitale) Transformation als einen Teil der Zukunftsfähigkeit des Unternehmens und basieren ihr Konzept auf der Grundlage einer nachhaltigen ganzheitlichen Unternehmensführung. Dies kommt schon im Vorwort des Buches von Stefan Aichbauer mit dem Satz zum Ausdruck: *„We want Procurement 4.0, but we have Staff 2.0 and even Leadership 1.0".* (Vorwort in Batran et al., 2017, S. 9). Auch in den Zielsetzungen wird die ganze Bandbreite von den operativen Zielen (z.B. *„react quickly"*, S. 13) über die taktischen Ziele (z.B. *„real-time view"* bzw. *„have immediate visibility"*, S. 13) zu den strategischen Zielen (z.B. *„enable advanced collaboration"* bzw. *„can work with leading suppliers collaboratively and benefit from their expertise, capabilities and solutions"*, S. 14) abgedeckt.

Die Autoren argumentieren, dass sich innerhalb der integrierten Unternehmensführung das Was (competitive &

collaborative) und das Wie (digital & agile) des Einkaufs mit der digitalen Transformation zum Procurement 4.0 ändern werden. Diese beiden Säulen werden jeweils durch zwei Konzeptbausteine ausgedrückt. Der Ansatz von h&z basiert damit insgesamt auf vier Säulen, die im Folgenden erläutert und diskutiert werden:

- *Competitive (what to buy)*: Hiermit bringen die Autoren die Zielsetzung des Einkaufs zum Ausdruck. Die Wettbewerbsfähigkeit durch den Aufbau koordinierter Supply Chains basiert insbesondere auf der Transparenz der Leistungsfähigkeit und der Real-time-Prozesse in der Supply Chain. Zum richtigen, d.h. strategischen, Verständnis des Einkaufs bedarf es daher einer Metamorphose zum Value Chain Gestalter. Als generelles Ziel wird dabei die „N-tier Visibility" (Batran et al., 2017, S. 21) angestrebt.

- *Collaborative (what to buy)*: Hiermit bringen die Autoren die derzeitig aktuelle Entwicklung der Arbeitsteiligkeit in der Supply Chain zum Ausdruck. Die Entwicklung innovativer Komponenten eines Endproduktes verschiebt sich vom OEM in die Supply Chain. Durch den Aufbau koordinierter Supply Chains ist die gemeinsame Entwicklung wettbewerbsfähiger Endprodukte möglich (Co-Creation). Die Einordnung weiterer Lieferantenstrategien kommt in einer Matrix zur Lieferantenentwicklung zum Ausdruck. Als generelles Ziel wird die gleichberechtigte Rolle der

22

strategischen Lieferanten angesehen („Supplier-Centricity", S. 21).

- *Agile (how to buy)*: Die Organisation der Wertschöpfung innerhalb der oben genannten Supply Chain passt sich den individuellen Auftragssituationen an und hat demzufolge agil (flexibel) zu erfolgen. Durch eine übergeordnete Führung (Leadership) wird dennoch das gemeinsame Ziel erreicht. Die Daten sind hierbei der neue Rohstoff. Als generelles Ziel wird die dezentrale Entscheidungsfähigkeit („Autonomy", S. 21) angesehen.

- *Digital (how to buy)*: Als Voraussetzung einer Umsetzung im oben genannten Sinne hat sich das betrachtete Unternehmen bzw. die betrachtete Supply Chain digital zu transformieren, d. h., dass die Elemente und die Prozesse zeitnah erfasst werden und diese Informationen zur Steuerung herangezogen werden. Hierzu sind intelligente Plattformen für die Datenspeicherung und die dezentrale sensorische Datenerfassung im Sinne der Ziele der Supply Chain aufzubauen. Die Facetten der Informationsaufarbeitung zur besseren Entscheidungsfindung werden in einer 20 Felder Matrix ausdifferenziert: descriptive/diagnostic/ predictive/prescriptive/cognitive analytics für R&D/ category management/ source-to-contract/ purchase-to-pay. Dies ist an den Beispielen des Risikomanagements und der Lieferanteneffizienz erörtert worden. Als

23

generelles Ziel wird der Aufbau der ganzheitlichen und intelligenten Datenplattform (S. 21) angesehen.

Die Autoren untermauern ihre Aussagen durch ihre gemachten Erfahrungen und Interviews, die sie mit Einkaufsverantwortlichen geführt haben. So erhält der Leser einen glaubwürdigen und facettenreichen Blick über die Ausgestaltung von Einkauf 4.0-Lösungen in der Praxis. Die „Zutaten" für diese Lösungen entsprechen den Elementen von Industrie 4.0. Der Vergleich ergibt, dass die Autoren auch die organisatorische Ausgestaltung der Supply Chain im Blick haben. Neben diesen Zutaten wird beispielhaft auch eine „Backanleitung" vorgestellt, um das Zusammenspiel der einzelnen Elemente besser verstehen zu können. So sind die vier Elemente Wettbewerb, Zusammenarbeit, Digitalisierung und Agilität der Art nach beschrieben, und ihre vernetzte Ausgestaltung ist konzeptionell für die Aufgaben des Einkaufsmanagements ausformuliert. Es wird der Anspruch der strategischen Bedeutung des Einkaufs mit den Elementen der Industrie 4.0 hierbei kombiniert.

Die Konzeption gibt dem Leser umfangreiche Anhaltspunkte, wie er seine heutigen Beschaffungsprozesse und Beschaffungsstrukturen einordnen und bewerten kann, um dann mit dieser Rahmenkonzeption seine Einschätzung und seine Umsetzungslücke zum Einkauf 4.0 vorzunehmen. So spannen die Autoren die o.g. Analysematrix mit 20 Feldern aus den 5 Stufen von Big Data Analytics (descriptive, diagnostic, predictive, preskriptive und cognitive) und den Anwendungsbereichen (R&D Phase, Category

Management, Source-to-Contract und Purchase-to-Pay) auf, um die Möglichkeiten der besseren Einkaufsentscheidungen oder der besseren Informationsversorgung zu nutzen.

Die Autoren ziehen dabei die Ausgestaltung und Strategieoptionen des Einkaufs in eine extreme Ausprägung: N-Tier-Sichtbarkeit, strategische Lieferanten, intelligente Plattformen mit vollständiger real-time Transparenz und agiler Wertschöpfungssteuerung in Echtzeit. Dieses extreme Optimum für alle Lieferanten/Supply Chains wird dem differenzierten Nutzenbeitrag der Lieferanten nicht gerecht. Deren Ausdifferenzierung wäre wünschenswert gewesen.

Für den Praktiker bleibt dann die entscheidende Frage zu beantworten, wie er sich konkret mit dem Thema konzeptionell beschäftigen soll, um die derzeit vorherrschende Reaktion des Abwartens zu vermeiden. Mit dem Aufruf „Push the button" (S. 165) und einem „survival kit" für die vier Bausteine (S. 44, S. 96f., S. 113f., S. 163) geben die Autoren konkrete erfahrungsbasierte Handlungsempfehlungen. Positiv hervorzuheben ist die Initiative der Autoren, den Einkauf mit seinen operativen und strategischen Facetten als notwendigen Bestandteil der Industrie 4.0-Diskussion zu etablieren.

b. Einkauf 4.0 von IML/BME

Die Autoren Pellengahr, Schulte, Richard und Berg des Fraunhofer-Instituts für Materialfluss und Logistik (IML)

25

und der Bundesvereinigung Materialwirtschaft und Einkauf e. V. (BME) haben im Jahr 2016 in einer Vorstudie zur Digitalisierung des Einkaufs (Einkauf 4.0) die Konsequenzen der Digitalisierung, der Autonomisierung und der Individualisierung auf den Einkauf erörtert. Angesichts der bestehenden Einkaufstiefe und der herausragenden Schnittstellenposition innerhalb und außerhalb des Unternehmens sollte gemäß dieser Studie der Einkauf die Rolle als sogenannter Innovationsscout und als maßgebliche Anlaufstelle für Fragen zur Umsetzung von Industrie 4.0 einnehmen (Pellengahr et al., 2016, S. 6).

Auf der Grundlage von Experteninterviews hat die Studie insgesamt zwölf Kernaussagen erarbeitet, auf deren Grundlage die Chancen der Digitalisierung auch im Einkauf nutzbar gemacht werden können. Die Aussagen lauten im Detail (Pellengahr et al., 2016, S. 8-9):

1. *„Der Einkauf schrumpft – der operative Einkauf wird weitgehend autonomisiert. [...]*

2. *Die Anforderungen und Erwartungen an den strategischen Einkauf wachsen – und damit die Forderung nach einem erhöhten Wertbeitrag. [...]*

3. *Der Einkauf wird in Zukunft vollkommen anders aussehen – es gibt keinen traditionellen Einkäufer mehr. [...]*

4. *Persönliche Beziehungen bleiben auch im Einkauf 4.0 von hoher Bedeutung. [...]*

26

5. *Der Einkauf trägt nicht die Gesamtverantwortung für die Umsetzung von Industrie 4.0 – dennoch hat er eine entscheidende Rolle. [...]*

6. *Veränderungen beziehen sich auf alle relevanten Dimensionen: Technologien und Systeme, Organisation und Prozesse, Management und Mensch sowie Geschäftsmodelle. [...]*

7. *Das Schaffen von Transparenz ist die wichtigste Voraussetzung, um Industrie 4.0 umsetzen zu können. [...]*

8. *Big Data und Technologien zur Datenverarbeitung sind Schlüsseltechnologien der Digitalisierung und vor allem im Zusammenhang mit der Vernetzung entscheidend. [...]*

9. *Der Einkauf muss seine eigenen Strukturen und Prozesse an die Digitalisierung anpassen. [...]*

10. *Der Einkauf muss ein z. T. verändertes, zunehmend digitalisiertes Beschaffungsportfolio managen. [...]*

11. *Die vertikale und horizontale Vernetzung (durch Technologien) ermöglicht den Wandel von der Funktionssicht zur Prozesssicht – die Digitalisierung des Einkaufs und des gesamten Beschaffungsportfolios sind erst dadurch uneingeschränkt möglich. [...]*

12. *Der Einkauf ist Treiber der horizontalen Vernetzung.*"

Die Autoren strukturieren hierbei die notwendigen Zutaten und die sich wahrscheinlich ergebenden Ergebnisse für den Einkauf 4.0. Zu den technischen Zutaten zählen die Punkte 6, 7, 8 und 11. Zu den organisatorischen Zutaten im Einkauf (bzw. der Supply Chain) zählen die Punkte 2, 4, 5 und 12. Die Konsequenzen werden in den Punkten 1, 3, 9 und 10 erörtert.

Die Darstellung der technischen Elemente (Zutaten) entspricht den Ausführungen zur Industrie 4.0 bzw. zur Logistik 4.0. Diese Vorstudie ist damit technisch anschlussgenau zum bisherigen Diskussionsstand. Hervorzuheben bei der Erörterung der organisatorischen Zutaten ist der Punkt zwölf. Aus Sicht der Branchenvertretung des Einkaufs (BME) ist dies nicht überraschend, denn dieser betont die Verantwortung des Einkaufs für die digitale Transformation in der Supply Chain. Die unternehmensinterne Rolle wird hierbei nicht als federführend angesehen (Punkt 5). Im Punkt 4 kommt ein bemerkenswerter Aspekt zum Vorschein: Nicht die Technik bestimmt die Strategie, sondern die Organisation bestimmt die Strategie und damit den Technikeinsatz. Der Gedanke einer sich selbst optimierenden und dezentralen Organisation der Wertschöpfung ist damit in eine vom Management entschiedene Supply Chain Struktur eingefasst.

Die Änderungen der Einkaufsorganisation werden hierbei von „geschrumpft" (Nr. 1), „abgeschafft" (Nr. 3) bis „angepasst" (Nr. 9) beschrieben. Hierbei ist der Punkt neun am weitesten gefasst. Inwiefern der operative Einkauf vollständig abgeschafft werden kann, ist angesichts der Abbildung aller sozialen, logistischen und rechtlichen Beziehungen zwischen Einkauf und Lieferant noch zu überprüfen. Das Managen eines digitalen Beschaffungsportfolios

28

bezieht sich hierbei auf die Beschaffung der notwendigen Infrastruktur als Voraussetzung der digitalen 4.0-Prozesse.

Diese Vorstudie von IML/BME stellt den Einkauf in den Mittelpunkt der Untersuchung und betont die Notwendigkeit seiner Diskussion im Rahmen von Industrie 4.0. Dies ist angesichts der aktuellen Studien ein notwendiger Hinweis, um die Chancen der digitalen Zukunft nicht nur unternehmensintern auszuschöpfen. Diese Einsicht zur Integration von Einkauf 4.0 in die Industrie 4.0-Diskussion ist jedoch noch nicht selbstverständlich vorzufinden (siehe die zuvor genannten Aussagen von Schuh et al., 2017). Eine aktive Verzahnung von Fertigung 4.0 und Einkauf 4.0 wäre an dieser Stelle wünschenswert und notwendig gewesen, denn de facto bildet der Einkauf die verantwortliche Funktion zwischen Lieferant und Produktion ab.

Insofern ist die Studie von IML/BME ein notwendiger Gegenpol und eine Anreicherung für die Chancendiskussion von Industrie 4.0. Sie leistet damit einen wichtigen Beitrag zur gleichberechtigten Ausgestaltung des Einkaufs im Rahmen von Industrie 4.0.

Kritisch anzumerken ist, dass sich diese Studie in der anschlussgenauen und vollständigen Auflistung der Zutaten einer digitalen Zukunft im Einkauf begrenzt. Eine Brücke zur Selbsteinordnung des Managements und dem Aufzeigen der Zusammenhänge zwischen Wettbewerbsstrategie und Digitalisierung wären wünschenswert gewesen.

29

c. Einkauf 4.0 von Kleemann/Glas

Der dritte hier diskutierte Ansatz stammt von Kleemann und Glas (auch) aus dem Jahr 2017. Auch dieses aktuelle Veröffentlichungsdatum zeigt den hohen Diskussionsbedarf der digitalen Transformation des Einkaufs. Die beiden Autoren bauen insgesamt eine vierstufige Argumentation auf (S. 14 ff.):

1. Auf der ersten Stufe werden die aktuellen *Technologien* als Grundlage erörtert. Hierzu zählen 3D, die Robotik, die Sensorik, die Spracherkennung, die künstliche Intelligenz und der Ausbau der Rechnerleistung.

2. Auf der zweiten Stufe werden dann die typischen *Elemente* von Industrie 4.0 beschrieben. Hierzu zählen u.a. die Echtzeit-Kommunikation, die digitale Vernetzung und intelligente dezentrale Systeme.

3. Auf der dritten Stufe stellen die Autoren dann den *Zusammenhang* zu den zentralen Aufgaben des Einkaufs dar. Sie nennen hierbei als operative Aufgaben die Bedarfsermittlung, die Auftragsabwicklung und das Controlling. Als langfristige Aufgaben werden die Make-or-Buy-Entscheidung (MoB), die Beschaffungsmarktforschung und das Lieferantenmanagement aufgeführt.

4. In der vierten Stufe werden nun inhaltliche Aussagen zu den *Kernaufgaben* des Einkaufsmanagements als praktische Umsetzung der Digitalisierung im Einkauf

herausgearbeitet. Sie erläutern hierbei insgesamt sieben Kernaufgaben des Einkaufsmanagements: die Einkaufsstrategie, das Warengruppenmanagement, die Einkaufsorganisation, das Personal im Einkauf, die Prozesse im Einkauf, die Vernetzung der Elemente und die cyber-physischen Lieferantenbeziehungen.

Eine konkrete Ausgestaltung des Einkaufsmanagements wird anhand *dreier visionärer Szenarien* vorgenommen. Hierbei betonen die Autoren zum ersten die (Kunden-)*Daten* als Grundlage der Verhandlungsmacht. Damit werden die Kundenwertschätzungen und die Möglichkeiten ihrer Analyse durch die neuen sensorischen Erfassungsmöglichkeiten explizit thematisiert und als Grundlage von Beschaffungsstrategien herausgestellt. Zum zweiten werden die Möglichkeiten einer *intelligenten Nachschubsteuerung* bzw. Bedarfsermittlung vorgestellt. Auf der Grundlage neuer statistischer Zusammenhänge sind frühzeitige Einblicke in die Bedarfssituation möglich und damit schnellere bzw. bessere Mengenentscheidungen des Einkaufs umsetzbar. Als drittes visionäres Szenario wird die *cyber-physische Verhandlungsvorbereitung und Verhandlungsführung* aufgezeigt. Die Analyse der Mimik, der Sprache und der Gestik eines persönlichen Gesprächs (bzw. einer Verhandlung) ermöglicht die Betrachtung aller vier Facetten des Kommunikationsquadrats von Schulz von Thun. Damit können die Chancen der Digitalisierung neben der Sachebene auch aktiv in der Beziehungs-, der Selbstkundgabe- und der Appellebene einer Verhandlung genutzt werden.

31

Die Autoren entwickeln abschließend ein *Reifegrad-modell* für den Einkauf, das von einem sehr traditionellen Einkauf bis zum Einkauf 4.0 reicht. Dies machen sie an insgesamt acht Dimensionen (Vernetzung, Lieferanten-beziehung, Einkäufer, Organisation, autonome Prozesse, Warengruppenstrategie, (Digitalisierungs-)Strategie und Unternehmens-IT) fest, die sie jeweils in drei weitere Teilindikatoren aufspalten und in ihren Ausprägungen verbal beschreiben. Anhand einer Punktbewertung kann jeder Entscheidungsträger seinen unternehmenseigenen Einkauf 4.0-Reifegrad selbstständig ermitteln. Damit steht den Entscheidungsträgern eine Einordnung der unter-nehmerischen Leistungsfähigkeit zur Verfügung. Auch wenn diese Kriterien nicht überschneidungsfrei sind und damit ein methodisches Defizit aufweisen, so gelingt es den Autoren, die inhaltliche Diskussion zum Einkauf 4.0 weiterzuentwickeln. Bemerkenswert sind an dieser Stelle folgende Konzeptelemente:

-   die Übertragung der Industrie 4.0-Elemente auf die Aufgaben des Einkaufs,

-   die Detaillierung von sieben Kernaufgaben des Ein-kaufsmanagements in einer möglichen 4.0-Umsetzung,

-   das Denken von der Kundenwertschöpfung (Kunden-daten) zu den Einkaufsprozessen,

-   der Einsatz der digitalen Möglichkeiten für den Kern-prozess der Nachschubsteuerung und

-   der Einsatz der digitalen Möglichkeiten auch im Rahmen der sozialen Interaktion.

Auf dieser Grundlage haben die Einkaufsverantwortlichen nun die Möglichkeit, die zum Teil noch vagen Vorstellungen zur Industrie 4.0 zu konkretisieren und eine Einordnung der eigenen Leistungsfähigkeit vorzunehmen.

Kritisch anzumerken ist allerdings die undifferenzierte Behandlung der Nutzentransparenz. Die geschilderten Strategien und Maßnahmen werden mit den einzelnen Vorteilen des Unternehmens nicht direkt verbunden. An welchen Stellen welche Vorteile erzielt werden können (sollen), bleibt damit unbeantwortet.

In einer Weiterentwicklung hierzu wird im Kapitel 4 ein nutzenbasierter Ansatz entworfen.

d. Zwischenfazit

Als positives Zwischenfazit bleibt festzuhalten, dass die Industrie 4.0-Diskussion auch im Einkauf angekommen ist. Die beiden ersten Ansätze von h&z und von IML/BME betonen hierbei die Notwendigkeit der Übertragung der digitalen Diskussion auf den Einkauf im Rahmen eines unternehmerischen Managementprozesses. Ihre inhaltlichen Aussagen sind insgesamt facettenreich und basieren auf strukturierenden konzeptionellen Überlegungen zur Ausgestaltung. Die anwenderbezogenen Nutzendiskussionen sind mit Beispielen veranschaulicht.

Der Ansatz von Kleemann und Glas hingegen erläutert mögliche Ausgestaltungen des Einkaufsmanagements auch

33

in einer digitalen Welt. Hierbei werden die technischen Entwicklungen als Startpunkt der Überlegungen herangezogen. Eine unternehmensbezogene Einordnung ist zumindest möglich und hilft damit ein digitales Verständnis und den Handlungsbedarf einer digitalen Transformation innerhalb des Unternehmens zu fördern bzw. aufzubauen. Eine konzeptionelle Fundierung der Nutzentransparenz erfolgt leider nicht.

Die aufgezeigte Forschungslücke der unzureichenden Nutzentransparenz soll nun geschlossen werden. Es wird dabei der Fokus auf genau diese Lücke gelegt. Eine generelle Diskussion und Konzipierung einer integrierten Unternehmensführung mit einem gleichberechtigten und strategisch bedeutsamen Einkaufsmanagement wird hier nicht vorgenommen. Dennoch sollten mit dieser nutzenbasierten Konzeption zu Smart Procurement, d.h. einer digitalen Transformation zum Einkauf 4.0, hinreichend Anknüpfungspunkte hierzu ausformuliert werden.

4. Entwicklung einer nutzenbasierten Konzeption zum Einkauf 4.0

a. Grundüberlegungen zu den Entwicklungsstufen des Einkaufs

Den Startpunkt der Entwicklung einer Konzeption zum Einkauf 4.0 bilden die Beschreibungen und Abgrenzungen der Entwicklungsstufen eines Einkaufs 1.0, 2.0, 3.0 und 4.0.

Mit *Einkauf 1.0* wird im Folgenden der persönliche Auftrag des Einkaufs an einen Lieferanten bezeichnet. Die persönliche Anfrage, das Angebot des Lieferanten und die Annahme des Angebotes beschreiben auch die gesetzliche Vorgehensweise beim Kaufvertrag. Von der technischen Seite erfolgen die Prozesse handschriftlich, postalisch, per Fax oder Email; die Analysen entweder manuell oder unter Zuhilfenahme von Excel. Mit *Einkauf 2.0* wird in Analogie zu Industrie 2.0 die Routinisierung der Einkaufsprozesse bzw. des Warennachschubs bezeichnet. Dies kann in Form einer Rahmenvereinbarung zum Ausdruck kommen. Von der technischen Seite erfolgen die Prozesse und die Analysen über eine spezielle Software, zum Beispiel mittels elektronischer Auktionen oder mittels eines Desktop-Replenishments von C-Artikeln. Mit *Einkauf 3.0*, d. h. der elektrischen Steuerung einzelner Kaufprozesse, erfolgt der automatisierte Nachschub über Just-in-Time-Anbindungen, über eKanban, über eProcurement oder eKataloge. Die technische Ausgestaltung im Einkauf 3.0 löst sich von der isolierten projektbezogenen Anwendung und entwickelt sich

35

zum Standard, der auch für A-/B-Artikel zum Einsatz kommt. Als Beispiele können Lieferantenportale oder integrierte IT-Anwendungen zwischen Lieferant und Einkauf genannt werden. Mit *Einkauf 4.0* werden die Analysen, die Entscheidungen, die Steuerungen und die Übermittlungen der Einkaufsprozesse im Sinne der Attribute von Industrie 4.0 ausgeführt, d. h. automatisch, vernetzt, dezentral, realtime und intelligent(er).

Der *Einkauf 4.0* wird im betriebswirtschaftlich-organisatorischem Sinne definiert als *eine spezifische Organisationsform des Auftragszyklus, in der umfangreiche(re) Daten der Wertschöpfung und der Umwelt als zusätzliche Informationen zur flexibleren, zeitnahen und autonomen Steuerung und Ausgestaltung des Einkaufsmanagements (z. B. deren Prozesse) herangezogen werden können.*

Die technische Ausgestaltung dieser Organisation lautet in Anlehnung an Kagermann et al., 2012, S. 12: *Das Kernelement des Einkaufs 4.0 ist die intelligente Organisation der Auftragsabwicklung - das Smart Procurement. Sie zeichnet sich durch eine neue Intensität soziotechnischer Abstimmungen aller an der Bestellung beteiligten Akteure und Ressourcen aus. Im Mittelpunkt steht eine Vernetzung von autonomen, sich situativ selbst steuernden, wissensbasierten, sensorgestützten und räumlich verteilten Beschaffungsressourcen (Einkaufsorganisation und Lieferanten in der Supply Chain mit Produktions- und Logistiksystemen) inklusive deren Planungs-, Abwicklungs- und Steuerungssystemen. Die Aufträge und*

36

Beschaffungsgüter des Smart Procurement sind eindeutig identifizierbar, jederzeit lokalisierbar und kennen ihre Historie, den aktuellen Zustand sowie alternative Wege zum Zielzustand. Dies schließt den Weg der Produkte bis zum finalen Endkunden mit ein. Alle Sensoren im Smart Procurement stellen ihre Daten als semantisch beschriebene Dienste bereit, die von den entstehenden Komponenten, Produkten und der Prozessumwelt gezielt angefordert werden können.

So münden die Ausgestaltungen von Einkauf 4.0 in einem *Smart Procurement (synonym: Smart Purchasing)*, d.h. in einer digital transformierten Organisation des Auftragszyklus, dessen Prozesse damit in letzter Konsequenz selbststeuernd sein sollen. Die einzelnen Elemente erhalten die notwendigen Daten aus dem Prozess und der Umwelt, um ihre jeweiligen Aufgaben der Prüfung und Entscheidung situativ und autonom bearbeiten zu können. Durch die Auswertung bestehender historischer Daten können Prognosen zur Abwicklung erstellt werden, die eine Steuerung im Prozess oder eine flexible Neuplanung auslösen (können).

b. Fundamente des Einkaufs 4.0

Es werden im Folgenden fünf Fundamente der Konzeption zum Einkauf 4.0 erörtert.

(1) Das erste zentrale Fundament dieser Konzeption besteht aus der Unterscheidung der *Nutzenkategorien* des

37

Einkaufs, d. h. der Nutzendimensionen der Einkaufsleistungen. Dieser zentrale Punkt hat in den genannten und diskutierten Studien im Abschnitt zwei zur Industrie 4.0 stets das zentrale Hindernis dargestellt, um eine Anwenderdiskussion zukunftsorientiert führen zu können.

Die *Wertschöpfung* eines Unternehmens basiert grundsätzlich auf der Wertschätzung der Leistungen durch den Abnehmer bzw. den Kunden. Diese *Wertschätzung* drückt sich in der Akzeptanz dieser Leistung im Vergleich zu den Leistungen der Wettbewerber aus und manifestiert sich in der Tauschbeziehung von unternehmerischer Leistung (Produkt-/Serviceleistung) und dem Kaufpreis. Streng genommen produziert ein Unternehmen nur Kosten, indem es die unterschiedlichsten Ressourcen miteinander kombiniert, um einzigartige Leistungen herzustellen. Erst im Nachhinein, d. h. nach der Wertschätzung durch den Kunden und dem Wechsel von Produktleistung und Kaufpreis, sollte sich dann im Rahmen der internen Wertschöpfungsrechnung eine positive Differenz zwischen dem Kaufpreis, den Vorleistungen des Unternehmens durch die Lieferanten und den eigenen Fertigungskosten ergeben. Im Rahmen der strategischen Ausgestaltung der Produktleistung ist hingegen das Leistungsprofil im Vergleich zu den Wettbewerbern derart zu schärfen, dass die Einzigartigkeit der Leistung die Grundlage einer nachhaltigen Unternehmensentwicklung darstellt.

Die Leitlinie dieser kunden- bzw. marktorientierten Unternehmensführung findet in der *Marketingphilosophie* bzw. dem *Marketingmanagement* seinen Niederschlag. Michael E. *Porter* hat dies mit seinen Arbeiten zur Wettbewerbsstrategie in den achtziger Jahren eindrucksvoll ausgestaltet (Porter, 1980). Weiterentwicklungen haben vor einiger Zeit *Kim* und *Mauborgne* mit ihren Arbeiten zum ‚Blauen Ozean' vorgenommen, indem sie die einzelnen Lebenszyklusphasen der Kauf- und Nutzungsphase einerseits und grundsätzliche Nutzenkategorien andererseits in einer *Buyer Utility Map* (Kundennutzenkarte) unterschieden haben (siehe Kim/ Mauborgne, 2005, S. 109 ff.).

Die Marktorientierung hat auch für das Einkaufsmanagement generelle Gültigkeit. Hierzu hat der Autor dieser Arbeit eine Konzeption zu den *Nutzenkategorien* der Einkaufsleistung entwickelt (Darr, 2017 b). Dabei wird zwischen den Nutzern (R) und dem Nutzen (N) der Einkaufsleistung unterschieden und eine Neun-Felder-Matrix als konzeptioneller Rahmen der Einkaufsleistungen entwickelt (Darr, 2017 b, S. 8 ff.). Zur hier geführten Diskussion der Nutzentransparenz sind insbesondere die Nutzenkategorien (N) von Bedeutung. Es werden hierbei drei grundsätzliche Kategorien unterschieden:

- *Prozessnutzen als Ausdruck der notwendigen Bedeutung des Einkaufs*: Durch die Entscheidung zur Fremdbeschaffung ist die Zurverfügungstellung der Lieferantenleistungen ein notwendiger Prozessschritt, um die eigene Fertigung (Leistungserstellung) vollenden zu können. Im Mittelpunkt der notwendigen Bedeutung stehen damit die Prozessschritte im

Auftragszyklus und die Sicherstellung der Beschaffungsprozesse. Hierzu wird die Einhaltung der inhaltlich und zeitlich vordefinierten Prozessschritte (Prozesskonformität) angestrebt. Die Digitalisierung ermöglicht den schnelleren Datenzugang in den jeweiligen Schritten des Auftragszyklus, welche ihrerseits auch Dateninput für Folgeschritte generieren. Ohne den Prozessnutzen wären alle Überlegungen zur Selbststeuerung hinfällig. Somit bildet diese Nutzenkategorie die zentrale Grundlage zur digitalen Transformation im Einkauf.

- *Ergebnisnutzen als Ausdruck der wichtigen Bedeutung des Einkaufs*: Die Wichtigkeit der Einkaufsleistungen drückt sich in ihrer Hebelwirkung auf das betriebliche Ergebnis aus. Diese Beschreibung ist traditionell Bestandteil der (Lehr-)Bücher zum Einkauf. Diese Hebel beschreiben den relativ starken Einfluss auf den Gewinn von relativ kleinen Änderungen bei den Einkaufskosten oder möglichen Prozess- bzw. Umweltrisiken. Diese Hebeleffekte auf die Zielerreichung sind mit zunehmendem Outsourcing stärker ausgeprägt. Damit werden die Hebeleffekte bei unterschiedlichen Prozessausgestaltungen hinsichtlich der Wirtschaftlichkeit und des Ergebnisrisikos auch unterschiedlich beurteilt. Dies kann als laufende Prozessüberprüfung oder in Form von Prognosen erfolgen. Ohne einen zeitnahen Datenzugang bei den Prüfungen oder den Prognosen verliert das Smart Procurement seine

Leistungsfähigkeit. Sollte zudem die o. g. notwendige Prozessleistung des Einkaufs nicht erbracht werden können, so kann diese im Sinne der Hebelwirkung dann auch „wichtig" werden.

- *Kundennutzen als Ausdruck der strategischen Bedeutung des Einkaufs*: Mit der strategischen Bedeutung kommt die direkte Einflussnahme von Lieferanten- und/oder Einkaufsleistungen auf die Einzigartigkeit der Kundenwertschätzung des einkaufenden Unternehmens zum Ausdruck. In diesem Sinne wird hier der Begriff ‚strategisch' verwendet. Angesichts der zum Teil dominierenden Einkaufstiefe gewinnt die strategische Komponente der Einkaufsleistungen zunehmend an marktlicher Bedeutung. Die richtige Wahl der Lieferanten im Hinblick auf die eigene Kundenbewertung sichert demzufolge die Marktposition. Die Steuerung im Smart Procurement stellt damit eine Verbindung der Einkaufsleistung in der Supply Chain mit der eigenen Marktleistung her. Sollten zudem die Hebelwirkungen der o. g. wichtigen Einkaufsleistungen das eigene Unternehmen dominieren, so können diese auch „strategisch" werden.

Schon an dieser Stelle wird deutlich, dass der Industrie 4.0-Anspruch der Agilität auch bei der Ausgestaltung des Einkaufs 4.0 besteht. Es ist ferner offenkundig, dass durch eine digitale Transformation des Einkaufs in allen drei Kategorien Gestaltungsmöglichkeiten bestehen und damit differenziert dargestellt werden können. Die Einzelheiten hierzu werden in den Abschnitten 4 d bis 4 f erläutert.

(2) Ein zweiter Grundgedanke bei der Entwicklung einer Konzeption zum Einkauf 4.0 beleuchtet den *Zusammenhang* zwischen der *technischen Ausgestaltung* eines Smart Procurement und der *Strategiebildung* des einkaufenden Unternehmens. Die technische Ausgestaltung bezieht sich hierbei auf die bekannten Elemente aus der Industrie 4.0, die auf den Einkauf übertragen werden: Sensorik zur Datenerfassung, vernetzte cyber-physische Systeme und dezentrale Steuerung in Echtzeit. Die Standards der technischen Komponenten garantieren ihre breite Verfügbarkeit als Infrastruktur und helfen der (welt-)weiten Verbreitung, sodass die reibungslose Abwicklung internationaler Beschaffungsprozesse sichergestellt ist. Wettbewerbsvorteile lassen sich allerdings nicht durch technische Machbarkeit, etablierte Standards und weltweite Verbreitung erzielen. Im Gegenteil, sie stehen diesen diametral entgegen. Die kompetitiven Marktvorteile sind dann an anderer Stelle zu erarbeiten.

Die strategische Ausgestaltung bezieht sich auf die Herausarbeitung der Einzigartigkeit des Leistungsprofils gegenüber Mitanbietern. Dabei gilt es besser als der Wettbewerber zu sein. Ein ‚besser als gestern' ist hierbei unzureichend.

(3) Die dritte Diskussion bezieht sich auf die *Effektivität* und die *Effizienz* des Einkaufs 4.0. Würde ein Smart

Procurement nur effizient sein, so würde die Automatisierung (d. h. kosteneffizient und schlank) mit dem Service (d. h. kundenindividuell und flexibel) im Zielkonflikt stehen. Der Entscheidungsträger müsste sich zwischen einem höheren Ausmaß an Lean und geringerem Service oder einem geringeren Ausmaß an Lean und höherem Service entscheiden. Die Effizienzdiskussion findet demzufolge auf einem bestimmten Agilitäts-/Digitalisierungsniveau statt. Diese Entscheidungssituation spiegelt nicht die fundamentale Chance der Industrie 4.0-Diskussion wider. Denn hierbei soll ein höheres Maß an Agilität/Digitalisierung erreicht werden, ohne dem genannten Zielkonflikt ausgesetzt zu sein. So kann für ein bestimmtes Maß an Lean mittels der digitalen Transformation ein höheres Maß an Agilität erreicht werden. D. h. nicht ein ‚entweder/oder‘, sondern ein ‚sowohl/als auch‘ ist das Gebot der Stunde von 4.0. Das Smart Procurement hat damit den Anspruch, beide Ziele zu erreichen (d. h. effektiv zu sein). Diese höhere Effektivität erreicht ein höheres Maß an Agilität und sie kann in einem von vier grundsätzlichen Bewertungsdimensionen zum Ausdruck kommen:

-   *Better*: Damit wird der Anspruch formuliert, durch die digitale Transformation stofflich-materiell qualitativ bessere Produktleistungen aus Sicht der Kunden erstellen zu können. Diese Dimension kann bei enger sprachlicher Auslegung auch als Oberbegriff der folgenden drei angesehen werden.

- *Faster*: Damit wird der Anspruch formuliert, durch die digitale Transformation die Leistungen schneller erbringen zu können oder im Problemfall schneller reagieren zu können.

- *Cheaper*: Damit wird der Anspruch formuliert, durch die digitale Transformation die Leistungen kostengünstiger erbringen zu können oder im Problemfall günstigere Ersatzlösungen zu realisieren.

- *Closer*: Damit wird der Anspruch formuliert, durch die digitale Transformation die Leistungen in einem engeren Lieferantenverhältnis erbringen zu können. Dies wird sich in Kosten- und/oder Zeitvorteilen ausdrücken.

Diese vier Bewertungsdimensionen wirken im Einzelfall unterschiedlich in den drei Nutzenkategorien und artikulieren sich in einem smarteren/ neuen *Prozessablauf*, einem smarteren/ neuen (Tages-/ Wochen-/ Monats-)*Plan*, einer smarteren/ neuen *Einkaufskonzeption* oder einer smarteren/ neuen *Einkaufsstrategie*. Ein smarterer Ablauf passt die Prozessreihenfolge oder die Prozessschritte den aktuellen Rahmenbedingungen an. Hierbei bleiben die Lieferanten- und Logistikstruktur bestehen. Ein smarterer Wochenplan beispielsweise kann zu neuen Produktions-, Logistik- oder Einkaufsprogrammen führen. Smartere Konzeptionen bedeuten neue Eckpunkte der Einkaufs- oder Logistikstruktur und neue Strategien meinen neue Erfolgsformeln, um die Wettbewerbs- und Marktposition nachhaltig erreichen/ verbessern zu können. Insgesamt stehen mehr als nur operative Prozessverbesserungen aufgrund der Nutzung der 4.0-Technologien zur Verfügung. Die Kaskade bis zur smarteren Strategie aufgrund von operativen Ereignissen mag zu den Ausnahmen zählen. Doch auch operative Einzelereignisse, beispielsweise die von Fukushima, haben Einfluss auf die Einkaufsstrategien gehabt. Es wird an späterer Stelle darzustellen sein, wie diese vier Kategorien und Strategien ausgestaltet werden können.

(4) Das vierte Fundament beschreibt die *Elemente des Einkaufsmanagements*, die durch die digitale Transformation in ein Smart Procurement auszugestalten sind. Die Einteilung in ein Lieferantenmanagement, in ein Materialmanagement und in ein Management der Einkaufsorganisation wurde schon angesprochen (siehe auch Darr, 2017 a, S. 6 ff.). Demzufolge sollte die Transformation zu einem Lieferanten-4.0-Konzept, einem Material-4.0-Konzept und einem Einkaufsorganisations-4.0-Konzept führen. Zur Erläuterung dieser drei Konzepte sind die (infra-) strukturellen Elemente in einer Struktur 4.0 und die prozessualen Elemente in einem Prozess 4.0 zu konkretisieren. Diese zunächst eher schematische Einteilung in insgesamt sechs Felder erleichtert später die differenzierte konzeptionelle Ausgestaltung als auch die Ausgestaltung für die Entscheidungsträger in den Unternehmen.

(5) Das fünfte Fundament beschreibt die operativ stattfindenden Prozesse des *Auftragszyklus*, unabhängig von deren Ausgestaltung 3.0 oder 4.0. Ein Auftrag definiert sich als Auslösung einer Tätigkeitsfolge. Deren einzelnen

Schritte umfassen für fertig erstellte Produkte (bzw. Komponenten) (i) die bedarfsbezogene Auftragsbildung und -übermittlung an den Lieferanten, (ii) die lieferanten-bezogene Auftragsbearbeitung, (iii) die Tätigkeiten der Auslösung und die Durchführung des physischen Waren-flusses und (iv) die Tätigkeiten der Übergabe an den Auftraggeber (siehe Darr, 1992, S. 11 ff.). Dies hat für fertig erstellte Produkte stets Gültigkeit. Der Terminus ‚fertig‘ bezieht sich hierbei auf den nächsten Kunden des Lieferan-ten, so wie es für Make-to-Stock-Abwicklungen typisch ist. Abbildung 4.1 stellt diese vier Elemente des Auftragszyklus dar. In allen vier Elementen finden nun jeweils Prüfungen und Entscheidungen statt.

Im *ersten* Feld (bedarfsbezogene Auftragsbildung und -übermittlung) sind die Brutto- und Nettobedarfe, die zu Verfügung stehenden Lieferanten, deren inhaltlich spezifi-zierten Angebote einschließlich der Preise und die Beauf-tragungsrisiken zu überprüfen. Auf deren Grundlage erfolgt dann vor dem Hintergrund eines aktuellen Risikoprofils, die Entscheidung zur konkreten Auftragsvergabe eines Produk-tes mit spezifizierten Leistungsdaten an einen oder mehrere Lieferanten.

Im *zweiten* Feld (lieferantenbezogene Auftragsbear-beitung) prüft der Lieferant seine Bestandssituation, seine Kapazitäten, die Qualität des Kunden und die Leistungs- und Risikodaten des Auftrags. Einzelne Schritte können auch routiniert unbewusst vollzogen werden. Aufgrund dieser Prüfungen entscheidet er die Annahme des Auftrags und

Eckpunkte der Auslösung des Warenstroms bzw. der Durchführung seiner Distributionslogistik.

Im *dritten* Feld (Tätigkeiten der Auslösung und der Durchführung des physischen Warenflusses der Logistik) werden Einzelheiten der Auslösung des Warenflusses geprüft und deren Umsetzung veranlasst (d. h. faktisch entschieden). Prüfungen während der Durchführung des physischen Warenflusses können bei Aufkommen aktueller Auslieferungsstati vorgenommen werden und gegebenenfalls zu neuen Entscheidungen (Umsteuerungen) führen.

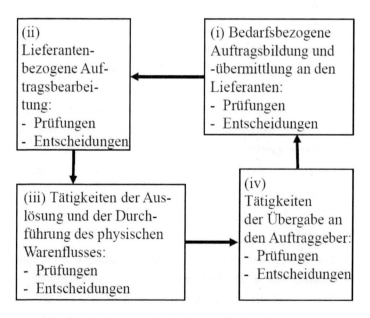

Abbildung 4.1: Grundaufbau des Auftragszyklus

47

Im *vierten* Feld (Tätigkeiten der Übergabe an den Auftraggeber) werden die Auftragsdaten der eingehenden Warenflüsse und die Kapazitäten der weiteren Verarbeitung beim einkaufenden Unternehmen geprüft. Es werden Einlagerungs- oder Weiterverarbeitungsentscheidungen getroffen.

Die Abbildung 4.2. zeigt beispielhaft die einzelnen Erfassungs-, Prüfungs- und Entscheidungsschritte und fasst die einzelnen zu erfassenden Daten, die zu analysierenden Sachverhalte und die zu treffenden Entscheidungen für den Auftragsabwicklungsprozess fertig erstellter Produkte zusammen. Es wird hierbei betont, dass in jedem Prozessschritt auch *Analysen* hinsichtlich der Prozesssicherheit und *Entscheidunge*n zur Sicherstellung der Prozesssicherheit anfallen. Erfolgt beispielsweise die Auftragsschreibung ohne vollständige Daten, so wird eventuell eine Nachbesserung notwendig, welche die Prozesssicherheit beeinträchtigt. Gleiches gilt für die Mengenermittlung, die Lieferantenwahl, die Preisverhandlung, die Auftragsbestätigung, die Lieferstatusüberwachung, den Wareneingang, die Qualitätssicherung, die Warenvereinnahmung und die Einlagerung.

Für kundenindividuellere Produkte (bzw. Komponenten), beispielsweise im Rahmen von Assemble-to-Order oder Make-to-Order, erweitert sich der Auftragszyklus um eine Produktionsplanung, Produktionssteuerung und ggfs. eine Produktentwicklung beim Lieferanten. Dies wird in der hier vorliegenden Arbeit nicht betrachtet.

48

Prozess-schritt	Erfassung	Analyse	Entscheidung
Bruttobedarf ermitteln	Nachfrage-situation	Prämissen der Datenbasis	Bestätigung der Datenlage
Bestands-prüfung	Bestands-status	Richtigkeit der Daten	Bestätigung der Datenlage
Nettobedarfe ermitteln	Automatisierte Ermittlung	Verfügbarkeit der Daten	Notwendigkeit der Nachorder
Bestellmenge ermitteln	Notwendige Daten	Verfügbarkeit der Mengen	Alternative Bestellmengen
Lieferanten wählen	Aktuelle Angebote	Lieferanten-vergleich	Lieferanten-wahl
Preise vereinbaren	Aktuelle Preise	Preis-vergleich	Preisverein-barung
Auftrags-schreibung	Notwendige Daten	Vollständigkeit der Daten	Evtl. Nachbesserung
Auftrags-bestätigung	Auftrags-status	Vollständigkeit der Bestätigung	Evtl. Nachbesserung
Lieferstatus-überwachung	Permanenter Status	Einhaltung der Grenzwerte	Evtl. Neusteuerung
Waren-eingang	Feststellung der Sendung	Abgleich mit Auftragsdaten	Evtl. Nachprüfung
Qualitäts-sicherung	Feststellung der Merkmale	Abgleich mit Vereinbarung	Evtl. Rückweisung
Warenverein-nahmung	Feststellung der Sendung	Vollständigkeit und Richtigkeit	Evtl. Nachprüfung
Einlagerung	Bestand und Liefermenge	Verfügbarkeit des Platzes	Evtl. neue Lagerplatzwahl
Prozess-konformität	Prozess-stati	Abgleich mit Grenzwerten	Evtl. Neu-steuerung

Abbildung 4.2: Erfassung, Analyse und Entscheidungen in den einzelnen Prozessschritten des Auftragszyklus

Ebenso werden die notwendigen Prozesse der Rechnungsstellung und Rechnungsbegleichung nicht thematisiert. Der Fokus soll auf dem Kernprozess der

Auftragsabwicklung zwischen Lieferant und Einkauf bei Make-to-Stock Produkten liegen. So wird die Nutzendiskussion unabhängig von der Länge der logistischen Segmente bzw. der Lage der Order Penetration Points (OPP) geführt.

Die einzelnen Schritte des Auftragszyklus sind im Rahmen traditioneller Einkaufskonzepte und auch nach einer digitalen Transformation gleichermaßen zu vollziehen, selbst wenn die Ausgestaltung der Erfassung von Zuständen, die Analyse der Situationen und die empfohlenen Entscheidungen unterschiedlich ausfallen (sollten).

c. Technische Elemente, Reifegrade und Informationsprodukte

Es wird in diesem Abschnitt auf die grundsätzliche Ausgestaltung der Daten und deren Handhabung eingegangen, die auch die Grundlage der Reifegrade der 4.0-Konzepte bilden. Hierauf aufbauend wird der informatorische Nutzen von Daten in den 4.0-Organisationen erläutert.

(1) Im Rahmen der Prozesse des Auftragszyklus lassen sich zunächst *datenbezogene* und *physische Tätigkeiten* unterscheiden. Letztere sind Gegenstand der Erstellung (Produktion) und Weiterleitung (Logistik) der physischen Produkte bzw. deren Vorprodukte von der Rohstoffgewinnung über die Endfertigung bis zum finalen Konsumenten. Die digitale Transformation hingegen betrachtet im

50

Kern die datenbezogenen Prozesse im Auftragszyklus. Es wird an dieser Stelle bewusst von Daten und nicht von Informationen gesprochen, da zunächst die datenbezogenen Tätigkeiten im Vordergrund der Diskussion stehen. Der Zweck der Daten, d. h. die Information, kommt erst mit den drei genannten Nutzendimensionen zum Ausdruck.

An datenbezogenen Tätigkeiten lassen sich grundsätzlich die Erfassung/Speicherung, die Übermittlung (Weiterleitung) und die Verarbeitung unterscheiden. *Erfassung* bedeutet hierbei die Dokumentation von Sachverhalten (Zuständen) und deren Speicherung. Die Erfassung von Daten kann zunächst dabei (i) im Input, (ii) im Throughput und (iii) im Output eines Prozessschrittes erfolgen. An Daten sind mindestens die quantitative und qualitative Kennzeichnung des Auftrags/Produktes zum Zeitpunkt der Übergabe aus dem letzten Prozessschritt zu erfassen. Zusätzlich können der Zustand der direkten Prozessumwelt bzw. der Zustand einer sonstigen (indirekten) Umwelt datentechnisch erhoben werden. Im Rahmen der Prozessbearbeitung (Throughput) sind ferner die zugrunde liegenden Daten, die den Prozessfortschritt und die Prozesskonformität inhaltlich und zeitlich beschreiben, zu nennen. Am Prozessoutput ergeben sich demzufolge Daten bezüglich der quantitativen und qualitativen Kennzeichnung des Auftrags/Produktes zum Zeitpunkt der Beendigung des Prozessschrittes und der Bereitschaft zur Übergabe an den nächsten Bearbeitungsschritt im Auftragszyklus. Abschließend kann die Wirkung

der Produkt-/Prozessleistung auf den Abnehmer festgehalten werden. Insgesamt kann durch die vollständige
Dokumentation ein *digitaler Schatten* (digitaler Zwilling)
aller Sachverhalte im Rahmen des Auftragszyklus erstellt
werden (zum Begriff ‚digitaler Schatten' siehe z. B. Schuh
et al., 2017, S. 17 oder Schuh et al., 2016).

An *Medien* zur Erfassung von Daten stehen neben der
Betriebsdatenerfassung (BDE) mithilfe von Scannern,
Sensoren oder Tastaturen, die Spracheingabe von Prozess-
mitarbeitern, die Übernahme öffentlicher Nachrichten und
die Übernahme von Daten aus sozialen Medien bzw. von
Bilddaten zur Verfügung (siehe z. B. Hausladen, 2016,
S. 54 ff.).

Die *Übermittlung* von Daten (z. B. Sachverhalte, Zu-
stände, Entscheidungen, Mitteilungen o. ä.) dient der
Kommunikation zwischen einem Sender und einem
Empfänger (hier: zwei Prozessschritten) und kann in
Richtung des Warenstroms zur Vorbereitung der Folge-
schritte oder entgegen dem Warenstrom zwecks einer
Recherche erfolgen. Diese Kommunikation wird in der
Semiotik erforscht und unterscheidet die Syntax, die
Semantik und die Pragmatik (zum Drei-Ebenen-Modell der
Semiotik siehe Picot et al., 2003, S. 89 ff.). Auf der
syntaktischen Ebene werden Zeichen bzw. Signale über-
tragen. Als Beispiele können Wörter oder Sprache genannt
werden. Die Bedeutung der Zeichen ist Gegenstand der
Semantik und zielt auf die identische Interpretation der
übermittelten Zeichen ab. Ein Beispiel ist der Begriff ‚Preis',

der den zu zahlenden Betrag bedeutet. Auf der *pragmatischen* Ebene werden die Absicht des Senders und deren Interpretation beim Empfänger diskutiert. Ein Beispiel hierzu ist der Satz ‚Sind Sie mit den Bedingungen einverstanden?' genannt werden, der im europäischen Raum eine Entscheidung einfordert und im japanischen Raum ‚nur' die Nachvollziehbarkeit der Aussage signalisiert.

In einem 4.0-Auftragszyklus, in dem die Kommunikation auf unpersönliche Art und Weise erfolgt, sind demzufolge Regeln über diese drei Ebenen unerlässlich. In der Syntax sind die identischen Zeichen/Zeichenfolgen und in der Semantik die identischen Bedeutungen von Zeichen festzulegen, so wie dies z. B. im UN/EDIFACT-Standard (Anmerkung: **U**nited **N**ations **E**lectronic **D**ata **I**nterchange **for** **A**dministration, **C**ommerce and **T**ransport ist ein branchenübergreifender internationaler EDI-Standard für elektronische Daten im Geschäftsverkehr) vorgenommen wurde. Auf der pragmatischen Ebene sollte zudem Einigkeit einer gleichgerichteten Interpretation der Botschaft der gesendeten Nachricht bestehen.

An *Verarbeitungen* lassen sich Analysen (Prüfungen, Vervollständigungen, Bearbeitungen) und Entscheidungen unterscheiden. Dies beinhaltet zunächst die Auseinandersetzung im Rahmen einer *Analyse*. Sie kann grundsätzlich jede Form von relevanter Erkenntnis für den Einkauf umfassen. Vorrangig beschreibt sie die Prozesskonformität, d. h. die Richtigkeit bzw. Vollständigkeit der Daten und die

Einhaltung von Vereinbarungen zu den geplanten Prozessen. Ferner kann die Produktivität jedes Prozessschrittes erhoben und im Rahmen von Abweichungsanalysen herangezogen werden. Zudem können aus der Prozessumwelt und der sonstigen Umwelt der Einfluss auf die Produktivität und die Prozesskonformität untersucht werden. Dieses kann durch die Auswertung historischer Daten oder aufgrund prognostischer Daten im Rahmen einer Hochrechnung vorgenommen werden. Somit lassen sich Zeit-, Qualitäts- oder Kostenrisiken, die aus der Prozessumwelt oder der sonstigen Umwelt stammen, auf der Grundlage erfasster Störgrößen analysieren. Zudem können übermittelte Daten mit bestehenden Daten verglichen oder vervollständigt/angereichert werden.

Die *Entscheidungen* hingegen betreffen die Weichenstellungen im Rahmen des Auftragszyklus, die durch neue Rahmenbedingungen oder aktuell bekannt gewordene Umweltbedingungen eine bestätigte Fortsetzung der geplanten Prozesse oder eine Neu-/Umplanung (Steuerung) begründen.

Soweit in Kürze zu den wesentlichen datenbezogenen Grundlagen des Auftragszyklus.

(2) Die einzelnen datenbezogenen Tätigkeiten lassen sich nun in ihrer Abfolge von der Erfassung über die Übermittlung zur Verarbeitung auch als *Entwicklungsstufen* (oder *Reifegrade*) von 4.0-Konzeptionen darstellen. An derartigen Reifegraden liegen mehrere Vorschläge der Literatur vor. So

haben beispielsweise Schuh et al. (2017), Batran et al. (2017) oder die BVL (2017b) hierzu Vorschläge unterbreitet.

Die BVL (2017b, S. 46) hat in ihrem Ansatz insgesamt drei Stufen unterschieden:

- Die *deskriptive* Ebene: Hierbei wird untersucht, was geschehen ist. Dabei werden Zustände und Prozesse erfasst. Zudem werden die Gründe dieses Zustandes analysiert.

- Die *prädiktive* Ebene: Hierbei wird untersucht, was geschehen wird. Dabei werden Prognosen und Hochrechnungen erstellt.

- Die *präskriptive* (normative) Ebene: Hier wird untersucht, was verwirklicht werden sollte. Dabei werden Handlungsempfehlungen und Entscheidungsvorschläge systemgestützt unterbreitet.

Der zweite Vorschlag stammt von Schuh et al. (2017, S. 16) und Schuh et al. (2016). Sie hingegen unterscheiden insgesamt *sechs Reifegrade*. Die ersten beiden Stufen beschreiben hierbei mit der Computerisierung und deren Verbindungen untereinander die Voraussetzungen der Digitalisierung. Auf dieser Grundlage werden dann die Sichtbarkeit (Stufe 3: was passiert?), die Transparenz (Stufe 4: warum passiert es?), die Prognosefähigkeit (Stufe 5: was wird passieren?) und die Adaptierbarkeit (Stufe 6: wie kann autonom reagiert werden?) an weiteren Reifegraden unterschieden.

Die beiden Vorschläge weisen eine gewisse Ähnlichkeit auf. In dieser Arbeit wird der Einteilung von Schuh et al. (2017) gefolgt, da die Unterscheidung in Erfassung, Analyse und Entscheidung klarer vorgenommen wurde. Das Konzept der BVL (2017b) wird hier nicht weiterverfolgt, denn es ist auf der deskriptiven Ebene nicht trennscharf; es enthält in der erfassenden Kategorie bzw. die Entscheidungsebene auch analysierende Elemente.

Im Gegensatz zu Schuh et al. wird im Folgenden allerdings die Begrifflichkeit angepasst: Es werden die Begriffe ‚(sensorische) Erfassung' bzw. ‚Analyse' bevorzugt, da die Begriffe ‚Sichtbarkeit' bzw. ‚Transparenz' sprachlich zu dicht beieinanderliegen. In dieser Einteilung entsprechen (i) die (sensorische) Erfassung der Sichtbarkeit, (ii) die Analyse der Transparenz bzw. der Prognosefähigkeit und (iii) die selbststeuernden Entscheidungen der Adaptierbarkeit:

- Die erste Stufe ist die *sensorische Erfassung* und Weiterleitung von Sachverhalten und Zuständen. Ferner werden die Art der zu erfassenden Daten und die Art der Übermittlung dieser Stufe mit zugerechnet. Hierbei werden die Erfassung und Übermittlung (Weiterleitung) gedanklich zusammengefasst, da sie nur in Verbindung miteinander Sinn ergeben. Diese Stufe beinhaltet die Datensammlung.

- Die zweite Stufe ist die *Analyse/* Aufarbeitung dieser Sachverhalte im Sinne der Vorbereitung der Steuerung, der Planung oder der Entscheidung. Die Stufe beinhaltet die Datenaufarbeitung.

- Die dritte Stufe beinhaltet die (*agile/selbststeuernde*) *Entscheidung* vor dem Hintergrund erfasster und analysierter Sachverhalte. Die Stufe beinhaltet die Auslösung bzw. Steuerung von Prozessen und ggfs. die Ausgestaltung von Plänen, Konzepten oder Strategien.

Insofern entsprechen die vorgeschlagenen Reifegrade dem sach-logischen Ablauf der Datenhandhabung: von der Erfassung/Speicherung über die Bearbeitung/Analyse bis zur Bearbeitung/Entscheidung.

(3) Die Erfassung sämtlicher Sachverhalte in Form von Daten bildet die Grundlage eines sogenannten digitalen Schattens. Deren Existenz ist für sich genommen wertlos. Er enthält erst durch bestimmte Eigenschaften einen Wert, d. h. einen Nutzen. Um den Unterschied zwischen Daten und deren Nutzen sprachlich zum Ausdruck zu bringen, wird von einem *informatorischen Produkt* gesprochen. Der digitale Schatten bildet die notwendige Grundlage der informatorischen Produkte. Diese beschreiben Eigenschaften, die im Zuge der Datenbearbeitung erstellt (d. h. produziert) worden sind, und sie definieren sich aus dem Nutzen für die Partner im Auftragszyklus.

In der Arbeit werden insgesamt *vier Informationsprodukte* unterschieden. Sie werden aus den vier möglichen Stufen einer Dienstleistung abgeleitet (siehe hierzu z. B. Weber, 2012, S. 139):

- der Bereitstellung als Leistung (Stufe 1),

- der Durchführung der Prozesse als Leistung (Stufe 2),
- das Ergebnis der Prozesse als Leistung (Stufe 3) und
- der Kundenwirkung als Leistung (Stufe 4).

Die Parallelität der einzelnen genannten Reifegrade zu den ersten drei Stufen einer Dienstleistung ist offenkundig: die Bereitstellung von Daten entspricht der Erfassung/ Speicherung, die Durchführung entspricht der Aufarbeitung und die Entscheidung entspricht dem Ergebnis. Dennoch werden in dieser nutzenbasierten Arbeit vier und nicht drei Informationsprodukte unterschieden, da die Wirkung der Entscheidung von der Entscheidung separat betrachtet werden soll. Ferner kommen mit der Betrachtung des informatorischen Produktes die *nutzenbezogenen Leistungsmerkmale* deutlicher zum Ausdruck als bei der (inputbezogenen) Sichtweise der Erfassung, Analyse bzw. Entscheidung. Die vier Informationsprodukte sind im Einzelnen:

- *Informationsprodukt 1*: Die Bereitstellung von Daten beschreibt die erste Stufe. Das Vorliegen der Daten wird als „maschinenlesbar dokumentiert bzw. *dokumentiert"* bezeichnet. Die Sachverhalte des Prozesses (bzw. Prozessschrittes) sind hinsichtlich relevanter Merkmale in maschinenlesbarer Form dokumentiert und können hinsichtlich dieser Merkmale maschinell und zeitnah ausgewertet werden. Die Begründung bzw. Rationalität der Dokumentation einzelner Prozesse bzw. deren Zustände liegen in der Notwendigkeit der

Bereitstellung von relevanten Daten für die jeweiligen Datennutzer für weitere Bearbeitungsschritte im Auftragszyklus (Informationsempfänger). Das informatorische Produkt 1 ist demnach nur ein derivatives Produkt. Der spezifische Umfang der zu erfassenden relevanten Daten ist für den einzelnen Nutzer im Auftragszyklus festzulegen.

Die Leistung des Informationsproduktes 1 liegt hierbei in seiner Möglichkeit der zeitnahen und individuell situativen Zurverfügungstellung von historischen Daten, beispielsweise zu Zwecken der kontextspezifischen Auswertung, Entscheidungsvorbereitung bzw. Entscheidungsfindung.

- *Informationsprodukt 2*: Die Bewertung der Qualität der Prozessdurchführung beschreibt das zweite Informationsprodukt. Dieses wird als „*geprüft*" bezeichnet. Dieser Prozess (bzw. Prozessschritt) ist dann hinsichtlich festgelegter Merkmale bewertet, d. h. geprüft. Die Begründung bzw. Rationalität der Prüfung einzelner Prozesse/Zustände liegt in der Sicherheit zur Fortsetzung oder Freigabe von nachfolgenden Prozessschritten, ohne Risiken aus dem laufenden oder den vorgelagerten Schritte in Kauf nehmen zu müssen. Der Umfang der Prüfungen und der jeweiligen relevanten Prüfkriterien sind für den spezifischen Schritt im Auftragszyklus hin festzulegen.

Die Leistung des Informationsproduktes 2 liegt herbei in der (nachverfolgbaren) Sicherstellung der Qualität der vorgelagerten und aktuellen informatorischen, stofflichen oder raum-zeitlichen Prozessleistung. Das Informationsprodukt 2 basiert i. d. R. auf dem Informationsprodukt 1 (Erfassung und Speicherung).

- *Informationsprodukt 3*: Die dritte Stufe beschreibt das Prozessergebnis und wird als *„entschieden"* bezeichnet. Der Prozess (bzw. die Abfolge der Prozessschritte) wurde festgelegt, d. h. entschieden. Die Begründung bzw. Rationalität einer Entscheidung liegt in der zielsetzungskonformen Fortsetzung oder Festlegung der nächsten Schritte der Wertschöpfung/ Auftragsabwicklung. Der Umfang der Entscheidungen und die jeweiligen relevanten Datengrundlagen sind für den spezifischen Auftragszyklus hin festzulegen.

Die Leistung einer Entscheidung liegt hierbei in der bewussten Freigabe zur Fortsetzung der Schritte im Auftragszyklus bzw. der raum-zeitlichen Wertschöpfung, der verbesserten Steuerung der Prozesse und/ oder der Sicherstellung der Konformität. Das Informationsprodukt 3 basiert i. d. R. auf dem Informationsprodukt 2 (Analyse und Prüfung).

- *Informationsprodukt 4*: Die vierte Stufe beschreibt den Nutzen für den Partner im Prozess und wird als *„wirksam"* bezeichnet. Der Prozess (bzw. die Abfolge der Prozessschritte) hat wirksame Effekte für den Einkauf oder den Lieferanten, z. B. in Form von garantierten Termineinhaltungen oder stabilen Auftragseingängen. Auch die Möglichkeit der Rückverfolgbarkeit von Analysen und Entscheidungen ist ein Beispiel eines Informationsproduktes 4. Die Leistung liegt hierbei in der Möglichkeit der zeitnahen nachträglichen Überprüfung und Analyse (i) der Dokumentation relevanter Merkmale der Wertschöpfungsprozesse, (ii) der vorgenommenen Prüfungen und (iii) der getroffenen Entscheidungen zur Fortsetzung und Steuerung der Prozesse bzw. der Wertschöpfung. Der Umfang der dokumentierten Daten der Prozesse, der Zustände, der Analysen und Entscheidungen definieren (begrenzen) die Möglichkeiten der Rückverfolgbarkeit.

Die Leistung dieses Informationsproduktes liegt grundsätzlich in der Nutzenstiftung im Sinne der operativen und strategischen Ziele für die eigene Organisation. Dies gilt für den Einkauf und den Lieferanten gleichermaßen. Das Informationsprodukt 4 basiert i. d. R. auf dem Informationsprodukt 3 (Entscheidung). An grundsätzlich möglichen Nutzenkategorien wurden in dieser Arbeit im Punkt 4a zuvor der Prozess-, der Ergebnis- und der Kundennutzen unterschieden. Diese werden der weiteren Arbeit zugrunde gelegt.

Die technisch geprägten Reifegrade, die sich auch in den Informationsprodukten 1 bis 3 ausdrücken, kommen erst in der Nutzenbewertung durch den Empfänger, d. h. im Informationsprodukt 4, zur Wirkung. Den Ausgangspunkt der Überlegungen zur Ausgestaltung eines Reifegrades bildet damit immer das Informationsprodukt 4. Retrograd können dann das Informationsprodukt 3 (effektive Entscheidungen), das Produkt 2 (relevante und notwendige Analysen und deren Datenbedarf) und das Produkt 1 (Umfang der relevanten Daten und deren Erfassung, Speicherung und Übermittlung) festgelegt und ausgestaltet werden. Diese Kette von 4 bis 1 ist immer vollständig zu betrachten. Es ist auch sinnvoll, die vier Stufen ‚vom Ende her' zu denken und nicht technisch die Abfolge der Reifegrade 1 bis 3 zu durchlaufen.

Die einzelnen Informationsprodukte sind unabhängig von ihrer Ausgestaltung aufeinander abzustimmen. Dabei können alle vier Stufen oder nur die ersten/ ersten beiden/ ersten drei Informationsprodukte ‚digitalisiert' werden. Die Grenze zwischen digitaler und analoger (d. h. durch Mitarbeiter vollzogene Schritte im Auftragszyklus) Welt wird als *Digital Penetration Point (DPP)* bezeichnet. Dieser Punkt beschreibt, inwieweit die Prozesse im Auftragszyklus durch vernetzte, autonome, sich selbst steuernde, wissensbasierte, sensorgestützte und räum-verteilte Ressourcen ausgestaltet wurden.

Der Auftragszyklus aus Abbildung 4.1. wurde als *Abfolge einer Erfassung-, Prüfungs- und Entscheidungssequenz* zwischen dem Einkauf und dem Lieferanten dargestellt. An datenverarbeitenden Tätigkeiten wurden die Erfassung, die Analyse und die Entscheidung unterschieden. Der hierzu notwendige Datenbedarf jedes Prozessschrittes definiert den Ort der Erfassung, die Dokumentation in Stamm- und

Bewegungsdaten, die Ausgestaltung der Daten-/Informationsversorgung und die Übermittlung in einen Datenpool. Dieser Datenbedarf besteht sowohl in der analogen als auch in der digitalen Welt. Die digitale Welt eröffnet zusätzliche Möglichkeiten zur Analyse und Entscheidung aufgrund erweiterter dokumentierter Daten. Hierfür sind die Voraussetzungen für ein durchgängiges Datenmodell für jeden Prozessschritt im Auftragszyklus zu erbringen. Auch die Bereitstellung der relevanten Daten für die Prüfungen (Analysen) und die Entscheidungen sind sicherzustellen. Abbildung 4.3. stellt diese datenbezogenen Elemente im (digitalen) Auftragszyklus zusammenfassend dar.

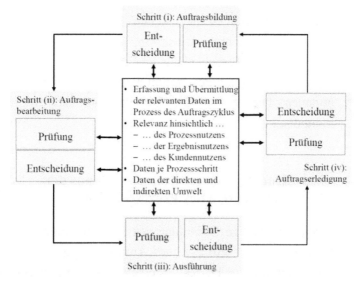

Abbildung 4.3: Datenorganisation im Auftragszyklus

Die nun vorzustellenden Konzeptionen basieren auf den drei zuvor beschriebenen Nutzenkategorien. Aus dem jeweiligen Nutzen heraus werden dann die einzelnen datenbezogenen und informatorischen Ausgestaltungen der Digitalisierung vorgenommen und hinsichtlich der einzelnen Aufgaben des Einkaufsmanagements ausgestaltet. Die Beschreibung der Konzeption des Einkaufs 4.0 beginnt mit der Perspektive der notwendigen Bedeutung (Prozessnutzen). Dann erfolgt der Aufbau der Konzeption mit der Perspektive des Ergebnis- bzw. Risikohebels (Ergebnisnutzen). Abschließend wird die Konzeption hinsichtlich der kundenbezogenen Wirkungen der Einkaufsleistungen (Kundennutzen) erläutert.

Die Ausführungen zu den einzelnen Nutzenkategorien beschreiben hierbei die Umsetzung aller vier Informationsprodukte. Eine Entscheidung hinsichtlich eines konkreten ‚optimalen' Digital Penetration Points wird nicht vorgenommen. Dies hat in den Umsetzungen unternehmensindividuell zu erfolgen.

d. Konzeption des Einkaufs 4.0 aus der Perspektive des Prozessnutzens

Die notwendige Bedeutung des Einkaufs kommt in der Organisation der Prozesse des Auftragszyklus und in der Sicherstellung der Prozesssicherheit bzw. der Prozesskonformität zum Ausdruck. Aus diesem Grund steht der *Prozessnutzen* im Blickpunkt der ersten Perspektive. Die

Festlegung der Schrittfolge im Auftragszyklus wird wesentlich durch die jeweilige Wahl der möglichen Lieferanten und die Bedarfssituation des eigenen Unternehmens definiert (siehe auch Abbildung 4.2).

Den Ausgangspunkt der 4.0-Überlegungen bilden die möglichen bisherigen Ausgestaltungen des Einkaufs. Eine im Sinne des Einkaufs 1.0 besteht aus einer (mündlichen) Anfrage, der Abgabe eines Angebots, einer Reihe an Verhandlungen über Rahmenbedingungen der Leistung und der Preise, einer vertraglichen Einigung, der Organisation und Durchführung der Auslieferung und der Übergabe der Leistungen an das einkaufende Unternehmen. Der gesamte zeitliche Umfang im Auftragszyklus übersteigt die reine Bearbeitungs- und Ausführungszeit um ein Mehrfaches. Zudem ist die Sicherheit eines positiven Abschlusses nicht zwangsläufig gegeben oder sie wird z. T. erst nach längeren Verhandlungen erzielt. Zudem sind die zeitnahen Kenntnisse des Umfeldes des Lieferanten für den Einkauf i. d. R. nicht bekannt.

Eine Ausgestaltung im Sinne des Einkaufs 3.0 hingegen besteht für einen gegebenen Lieferanten und ein zuvor vereinbartes Leistungsspektrum aus der i. d. R. unverzüglichen Ausführung eines Abrufauftrages. Störungen oder Verzögerungen sind hierbei zu vermeiden. Die zeitlich große Inanspruchnahme erfolgt in der Auswahl des richtigen Lieferanten und der Einrichtung dieser „Nachschub-

maschinerie". Jede Form von unzureichender Nachschub-
leistung führt zu (relativ hohen) Opportunitätskosten beim
einkaufenden Unternehmen.

Die effektive digitale Transformation zum Einkauf 4.0
hinsichtlich des Prozessnutzens hat das Ziel, die Einkaufs-
und Logistikprozesse schnell und sicher vollziehen zu
können und hierbei sämtliche mögliche Störgrößen
erkennen zu können und (wenn möglich) proaktiv steuernd
eingreifen zu können. Hierfür sind deshalb alle relevanten
Elemente und Zustände im Auftragszyklus und in der
Prozessumwelt vollständig zu erfassen.

Die Erfassung der Daten in jedem Prozessschritt (siehe
Abbildung 4.2) ist unternehmensindividuell vorzunehmen.
Es wird die Erfassung anhand einiger Beispiele erläutert: (i)
Die Bestandsdaten der Lager sollten aktuell und fehlerfrei
sein. Ebenso sind gesperrte Bestände und zum Bedarfszeit-
punkt verfügbare Bestände auszuweisen. (ii) Bei Preisver-
gleichen und Preisvereinbarungen sollten historische Preise
und deren Einflussgrößen durch Regressionsanalysen deutlich werden. (iii) Der Lieferstatus sollte zeitlich aktuell (real-
time) sein. (iv) Die Qualitätsausprägungen sollten hinsichtlich der geforderten Merkmale ausgewiesen werden. (v) Die
übermittelten Daten als Grundlage der Vereinbarung sollten
fehlerfrei und vollständig sein. (vi) Die erwartete
Bearbeitungs- und Verhandlungszeit des Lieferanten bis zur
Einigung kann ein Merkmal der Auswahl sein. (vii)
Mögliche logistische Beeinträchtigungen können saisonal
bedingt herangezogen werden. Weitere Beispiele finden sich

z. B. bei Liebetruth (2016), S. 129 oder Otto (2003) aus dem Bereich des Supply Chain Event Managements.

Diese Beispiele skizzieren den möglichen Umfang der zu erfassenden Daten. Unstrittig ist die Erfassung zur Kennzeichnung der Leistungsparameter des bestellten Produktes (bzw. der Komponenten), der Menge, des Lieferortes, des Lieferzeitpunktes, des Zielpreises und bestimmter Qualitätsangaben. Abbildung 4.2 fasste die einzelnen zu erfassenden Schritte, die zu analysierenden Sachverhalte und die zu treffenden Entscheidungen für den Auftragsabwicklungsprozess fertig erstellter Produkte zusammen.

Erfasst werden können auch Umweltzustände, die einen Einfluss auf die Prozesssicherheit ausüben können. Dies ist unternehmensindividuell zu erarbeiten. Die *direkten* Umweltzustände definieren sich aus der Durchführung des Auftragszyklus, z. B. aus dem Standort des Lieferanten, der Transportroute o. ä. Die *indirekten* Umweltzustände bezeichnen hingegen das Umfeld, das auf die Prozesse des Auftragszyklus einwirkt, z. B. klimatische, politische oder ökonomische Bedingungen. Die Inhalte der Erfassung dieser Betrachtungsebene definieren sich stets aus den Schnittstellen zwischen den Schritten und aus dem Zweck dieser Betrachtungsebene, d. h. der Prozesssicherheit. Damit sind (i) alle Prozesselemente des Auftragszyklus mit den drei beschriebenen Erfassungspunkten auszugestalten und (ii) die jeweiligen Datenerfassungen vorzunehmen.

Derartige Ausgestaltungen lassen sich schon heute in einzelnen Applikationen vorfinden. Sollten die Daten der einzelnen Prozessschritte allerdings Medienwechsel/ Medienbrüche, d.h. verschiedene Datenformate und/oder Schnittstellen, d.h. Datenspeicherung in mehreren Applikationen, aufweisen, so besteht die erste Aufgabe darin, diese unterschiedlichen Formate und Applikationen für den Entscheidungsträger zeitgleich verfügbar zu machen.

Eine zweite Aufgabe zur 4.0-Umsetzung beinhaltet die Zurverfügungstellung der Daten im Rahmen der Analysen. So sind beispielsweise die Vergleichsdaten für Preise, von Lieferanten, die Vollständigkeitsprüfungen oder die Einhaltung von Grenzwerten bei der Qualität bzw. der Auslieferungsstati verfügbar zu machen. Dies kann auch die Zurverfügungstellung prognostische Daten sein, welche mit Wahrscheinlichkeiten auf mögliche Störungen oder Unterbrechungen warnend hinweisen.

Die dritte Aufgabe zur 4.0-Umsetzung beinhaltet die maschinelle Unterstützung bzw. maschinelle Durchführung von Entscheidungen, um die Prozesssicherheit vorbeugend zu gewährleisten oder im Problemfall bestmöglich wiederherzustellen.

Die technische Ausgestaltung hat die Durchführbarkeit der Erfassung der einzelnen Prüf- und Entscheidungsschritte zu ermöglichen. Damit sind für die Prozesselemente die Datenerfassungspunkte festzulegen: am Empfangspunkt je Schritt, am Weitergabepunkt oder in der Bearbeitung. Diese können hierbei in verschiedenen Speichermedien bzw. durch verschiedene Anwendungen erfolgen. Zentral hierbei ist, dass die Datenformate in einer gegenseitig lesbaren Form vorgenommen werden, sodass Medienwechsel im Sinne eines Zusatzaufwandes zur Überwindung einer unterschiedlichen Syntax und Semantik vermieden werden. Insgesamt sind die notwendigen Stamm- und Bewegungsdaten, die notwendigen Datenbereitstellungen und die notwendigen Datenübermittlungen entsprechend technisch herzustellen. Dies hat i. d. R. unternehmensspezifisch zu erfolgen. In den einzelnen Bearbeitungsschritten stehen dann die für die Bearbeitung notwendigen Daten zur Verfügung.

Aus einer historischen Rückschau haben dann sämtliche Produktparameter, Prüfschritte und Entscheidungen des Lieferanten und des Einkaufs in Datenbanken verfügbar zu sein. Die Analyse dieser Umwelteinflüsse und ihre Wirkung auf die Prozesssicherheit sind notwendiger Bestandteil der Datenorganisation. Die Analyse hinsichtlich der Ergebniswirkungen (Kosten, Risiken, Ergebnisse) erfolgt hingegen im nächsten Abschnitt.

Sollten die datenmäßigen Prozessschritte des Auftragszyklus automatisiert ablaufen, d. h. einer zustandsdefinierten Regel folgen bzw. in einer zeitlich definierten Prozesskaskade ablaufen, so ändert sich am grundsätzlichen Ablauf und an der grundsätzlichen Erfassung von Objekten und Zuständen nichts. Der einzige Unterschied besteht in dem Augenmerk zur Auslösung der Prozessfolge durch den maschinellen Beschaffungsauftrag bzw. durch regelbasierte Entscheidungen und die vorab zugesicherte Sicherstellung der Prozesse von Seiten der Lieferanten. Die Analyse der Umweltbedingungen ist gleichlautend vorzunehmen.

Letztlich besteht eine vollständige (im Sinne der relevanten Daten) Transparenz aller Objekte und Zustände, die zeitnah (real-time) an die entsprechenden Prozessanwendungen zur Verarbeitung und Speicherung weitergeleitet werden. Die Relevanz der zu erfassenden Daten ergibt sich aus der Prozesskette, dem Prozessfortschritt und dem Status zur Sicherheit der Prozesse. Die Bildung der Messkriterien kommt durch die Vermeidung von Staus, Engpässen, Unterbrechungen oder sonstigen Störungen in der Prozessfolge zum Ausdruck. Hierdurch werden die Kriterien ‚faster' und ‚better' umgesetzt. Die benötigte Durchlaufzeit (faster) und die Zuverlässigkeit deren geplanter Einhaltung (better) werden auswertbar.

Damit werden sämtliche Schritte und relevanten Stati der Auftragsbearbeitung digital erfasst und nach notwendigen Prüfungen (z. B. Vollständigkeit, Richtigkeit) automatisiert freigegeben. Die Rückverfolgbarkeit der Zustände ist ebenso gewährleistet. Die Erfassungen erfolgen dabei beim einkaufenden Unternehmen, beim Lieferanten und ggfs. bei in Anspruch genommenen Dienstleistern. Diese Erfassungen gelten für alle Materialien und alle Lieferanten. Hierfür sind auf der Grundlage des Informationsprodukts die benötigten Daten und die notwendigen Erfassungspunkte festzulegen. Sämtliche „digitale Schatten" haben im Sinne der Prozesssicherheit und der Prozesskonformität relevant zu sein. Für diese relevanten Kriterien wird automatisiert eine zeitliche und qualitative Planung hinterlegt und die Durchführung in den jeweiligen Messpunkten zeitnah abgeglichen und der Prozessfortschritt entsprechend bestätigt.

Die zusammenfassende Darstellung der Eckpunkte aus der notwendigen Perspektive zur Sicherstellung des Prozessnutzens ist der Abbildung 4.4 zu entnehmen.

Einkaufs-management	Prozessschritte	Informations-produkt	Maßnahmen
Management der Einkaufs-organisation	Von der Bedarfs-feststellung bis zur Warenverein-nahmung bzw. der Rückverfolg-barkeit bei Reklamationen	• Dokumentier-ter Prozess • Geprüfter Prozess • Entschiedener Prozess • Wirksam im Sinne der Zeit und Prozess-sicherheit	• Informations-produkte fest-legen • Relevante Pro-zesskriterien festlegen • Stamm- (Daten) anlegen • Messpunkte festlegen
Material-management und Lieferanten-management	• Für alle Mate-rialien der Lie-feranten • Für jeden Lie-feranten	Jede Material-komponente bzw. Lieferanten: dokumentiert, geprüft, ent-schieden, wirk-sam	• Identifikation der Produk-tionsfaktoren je Prozessschritt • Erfassungs-punkte festlegen • Teilnahme je Lieferant vereinbaren
Daten der Prozessum-welt	• Direkte Prozessumwelt • Indirekte Prozessumwelt	Störungen bzw. Unterbrechun-gen real-time oder prognos-tisch feststellen	• Organisation der Daten bzgl. Schnittstellen und Medien-brüchen

Abbildung 4.4: Zusammenfassende Konzeption zum Einkauf 4.0 aus der notwendigen Perspektive (Prozessnutzen)

Soweit zur konzeptionellen Ausgestaltung des Einkaufs 4.0 aus der Perspektive der notwendigen Bedeutung. Die

Diskussion möglicher Risikosituationen und deren ergebnismäßigen Auswirkungen erfolgen im folgenden Abschnitt zum Ergebnisnutzen.

e. Konzeption des Einkaufs 4.0 aus der Perspektive des Ergebnisnutzens

Die Konzeption zur Perspektive der wichtigen Bedeutung thematisiert den Ergebnis- und den Risikohebel aus der Sicht der digitalen Transformation. Hierbei werden grundsätzlich Wirkungshypothesen auf der Grundlage erfasster Daten und Zustände erstellt, die einen Einfluss auf die Ergebnis- oder Risikosituation des Unternehmens haben. Dies kann eine Rückkopplung zur Organisation der Datenerfassung bzw. des Umfangs der zu erfassenden Daten notwendig machen. Diese hier betrachtete zweite Ebene hat den Zweck, zeitnah Informationen zur Analyse und zur Frühwarnung an die Entscheidungsträger auszusprechen. Den Ansatzpunkt zur Analyse der Wirkungszusammenhänge bilden die Ergebnis- und die Risikotreiber des betrachteten Unternehmens. Diese werden in der Regel unternehmensindividuell ermittelt.

Zu den *Ergebnishebeln* zählen sämtliche Schwankungen von Faktorpreisen (Materialpreise, Wechselkurse) und Änderungen der Rahmenbedingungen, die sich in Beschaffungsverzögerungen oder Zusatzkosten der Beschaffung ausdrücken. Als Beispiele können geänderte periphere Handelshemmnisse, politisch motivierte oder lokale logistische Unterbrechungen von Transportketten genannt werden. Zu einer Übersicht von *Risikoquellen* siehe z. B. Liebetruth (2016), S. 168 ff. Für alle genannten Fälle lassen sich in der jüngsten Vergangenheit Beispiele aufzählen. Eine besondere Herausforderung besteht in der diagnostischen Analyse der sogenannten *‚Schwarzen Schwäne'*. Dieser Begriff, der von Taleb (2008) in die Diskussion eingebracht wurde, beschreibt kleine unvorhersehbare und noch nie beobachtbare Zustände mit extremen Konsequenzen für den Entscheidungsträger. In effizienten Lieferketten, die ohne Mengen- und Zeitpuffer organisiert sind, führen kleinste Unterbrechungen zu Folgewirkungen an späteren Stellen der Lieferkette. Insofern sind ‚Schwarze Schwäne' eine Chance im Rahmen der digitalen Transformation, wenn durch diese Analysen (Big Data Analytics) mögliche Vorwarnungen frühzeitig erkennbar sein können. Dies erscheint allerdings noch Zukunftsmusik hinsichtlich der konkreten Ausgestaltung zu sein. Dennoch kann gerade in der Risikosimulation ein hoher Nutzen durch die digitale Transformation gesehen werden, da die Prozesseffizienz mit einer prognostischen Prozesssicherheit kombiniert werden kann. Diese Chancen aus den Risikoanalysen unterstützen die Strategiekriterien ‚cheaper' (bei der Vermeidung von Folgekosten) und ‚better' (bei der Vermeidung/Reduzierung von Risiken). Die Analyse der Ergebniswirkungen besteht in statistischen Auswertungen.

Das zweite Feld besteht in der Ermittlung der historischen *Produktivitäten*. Dies bedeutet, dass der Zeit- oder Mengenaufwand je Prozessschritt in seiner zeitlichen Entwicklung in Form einer Produktivität festgehalten und ausgewertet wird. Den Entscheidungsträgern stehen damit zusätzliche Möglichkeiten zur Initiierung von Detailanalysen zur Verfügung. Damit rückt insbesondere das Strategiekriterium ‚cheaper' in den Fokus der Analysen.

Neben der Erfassung helfen nun diese Analysen, die einzelnen Entscheidungen im Auftragszyklus besser vorzubereiten (siehe Abbildung 4.2): die Festlegung der Beschaffungsmenge, die Wahl des richtigen Lieferanten, die risikofreie Umsetzung des Leistungsspektrums, die Vereinbarung des Preises, die Festlegung des richtigen logistischen Weges, die notwendige Warenumsteuerung der Inbound Logistik und die Art der Warenvereinnahmung einschließlich der Lagerplatzwahl.

Der Nutzen einer Frühwarnung ermöglicht eine frühzeitigere (Um-)Steuerung bzw. alternative Prozesssteuerung und vermeidet damit Stillstandszeiten und unnötige Zusatzkosten. Zudem werden Folgekosten durch Verzögerungen in den folgenden Prozessschritten vermieden bzw. reduziert.

Die Einstufung des Risikos kann hierbei auch in Risikoklassen vorgenommen werden, welche in der Abbildung 4.5 beispielhaft in den drei Ampelfarben ‚Grün/ Orange/Rot' ausgewiesen werden. Den Kern bilden hierbei (i) die Datenerfassung und die Warnung in Echtzeit und (ii) die Algorithmen, die auf der Grundlage erfasster Daten diese Risikoindikationen präventiv vornehmen können.

Elemente	Prozessschritte	Informations- produkt	Maßnahmen
Einkaufs- manage- ment	Von der Bedarfs- feststellung bis zur Warenvereinnah- mung bzw. der Rückverfolgbar- keit bei Reklama- tionen	• Geprüfte Stati der Einfluss- größen • Ampel zu Produktivitäten (geprüft) • Prognose (Ampel) zu Risiken (geprüft)	Erfassung: Ein- flussgrößen zu Ressourcen bzw. Risiken festlegen Analyse: Szena- rien zu Produkti- vitäten bzw. Risi- ken Entscheidung: Umsteuerung bzw. Risikohandling
Prozess- umwelt	• Analyse der Wirtschaftlich- keit • Analyse und Prognose der Ausfallsicher- heit	• Grün/ Orange/ Rot (geprüft) • Grün/ Orange/ Rot, (geprüft)	Erfassung der Stati: s. o. Analyse: s. o. Entscheidung: s. o.
Sonstige Umwelt	• Analyse der Marktpreise • Analyse der Umweltrisiken	• Grün/ Orange/ Rot (geprüft) • Grün/ Orange/ Rot (geprüft)	Erfassung der Stati: s. o. Analyse: s. o. Entscheidung: s. o.

Abbildung 4.5: Zusammenfassende Konzeption zum Einkauf 4.0 aus der wichtigen Perspektive (Ergebnisnutzen)

Die zusammenfassende Darstellung aus der wichtigen Perspektive ist der Abbildung 4.5 zu entnehmen. Soweit zur konzeptionellen Ausgestaltung des Einkaufs 4.0 aus der Perspektive des Ergebnisnutzens.

f. Konzeption des Einkaufs 4.0 aus der Perspektive des Kundennutzens

Die dritte Ebene der Konzeption zum Einkauf 4.0 betrachtet die strategische Bedeutung des Einkaufs. Der

Begriff ‚strategisch' meint in dieser Arbeit die direkte Einflussnahme der Lieferanten- oder Einkaufsleistung auf die Einzigartigkeit der Unternehmensleistung im Wettbewerb. Damit stehen der Status der *Kundenwirkung* der unternehmerischen Leistungen im Vergleich zum Wettbewerber, das *Kundenradar* und das *Wettbewerberradar* im Mittelpunkt der digitalen Transformation dieser Nutzenebene. Die Treiber der Unique Selling Proposition (USP, Einzigartigkeit) sind durch die Analyse (i) der unternehmerischen Leistung, (ii) der Kundenwertschätzungen und (iii) der Wettbewerbsleistungen zu ermitteln.

Als Quellen der digitalisierten Analyse der Kundenwertschätzungen können zugängliche Befragungen bzw. Marktanalysen und Analysen der sozialen Medien bzw. Real-time-Abverkaufsanalysen im Handel herangezogen werden. Beispielsweise können die Analysen der zeitlichen Entwicklung von Abverkaufsmengen und die Äußerungen zu Produkteigenschaften in den sozialen Medien kombiniert werden, um frühzeitig die fehlende Akzeptanz der eigenen Produktleistung aufzuzeigen. Dies gilt natürlich auch für den positiven Fall der hohen Wertschätzung.

Das Screening der Entwicklung der Wettbewerbsleistung erfolgt im Rahmen der digitalen Transformation nicht durch periodische Marktforschungen, sondern durch eine zeitnahe Analyse von Entwicklungen der relevanten Kernindikatoren. Auch hier können Zeitgewinne in der Erkenntnis des Handlungsbedarfs in Vorteile umgemünzt werden und (deutlich) höhere Opportunitätskosten vermieden werden.

Die Entwicklung der Kundenwertschätzung kann in gleichem Maße vorgenommen werden wie der Vergleich zum eigenen Unternehmen. Es kann davon ausgegangen werden, dass der Wechsel der Wertschätzung nicht abrupt erfolgt, sondern, gemäß dem Lebenszyklus der Kundennutzung, zunächst die Meinungsbildner und anschließend eine frühe (bzw. späte) Mehrheit die bestehenden Produkte zunehmend kritisch einschätzen und neue innovative Produkte goutieren. Diese Erkenntnis würde auf der Grundlage einer digitalen Transformation frühzeitiger vorliegen und damit dem Unternehmen einen zeitlichen Wettbewerbsvorsprung ermöglichen. Es sei an dieser Stelle angemerkt, dass die Einrichtung einer derartigen Analyse ein entsprechend zukunftsorientiertes Management voraussetzt, um derartige Analysen einzurichten und die Erkenntnisse wahrnehmen und bewerten zu können.

Inwieweit die Empfehlungen aus den Wanderungen der Kundenwertschätzung oder den Entwicklungen der Marktleistungen ausschließlich systemgestützt erfolgen oder ob diese Empfehlungen als Frühindikatoren den Entscheidungsträgern zu deren Beurteilung zur Verfügung gestellt werden, bleibt abzuwarten. Angesichts der heutigen Entwicklungen (siehe hierzu u. a. Bogaschewsky/Müller, 2016) erscheinen die vollständige Verlagerung der Rationalität und der Entscheidung in 4.0-Applikationen heute noch utopisch. Dies muss allerdings nicht für die Ewigkeit gelten.

Die Chancen einer Digitalisierung für das Unternehmen können dann durch frühzeitige Umsetzung von Maßnahmen im Sinne eines cheaper (z. B. bessere Kooperation mit Partnern), better (z. B. einzigartige Leistungen), closer (z. B. Aufbau strategischer Netzwerke) oder faster (z. B. kürzere Time-to-Market) realisiert werden. Die zeitlichen und inhaltlichen Vorteile helfen zur Schärfung der Einzigartigkeit des Unternehmens. Es ist dann in der Praxis zu überprüfen, inwiefern diese *statische* Sichtweise Bestand hat. Denn den Wettbewerbern steht dieses Instrument ebenfalls zur Verfügung. Gegebenenfalls haben sogar Kunden Zugang zu diesen Daten und können ihr Kaufverhalten entsprechend ausrichten. Eine *dynamische* Interpretation dieser Prozesse kann zu den gesellschaftlich stark kritisierten Folgen führen, die beispielsweise von Rifkin (2014) oder Postman (1994) vorgenommen worden. Insofern sollte eine abschließende Bewertung zur Umsetzung immer auch eine gesellschaftliche Reflexion beinhalten. Dies wird im Kapitel fünf diskutiert.

Die beiden zuvor genannten Nutzenebenen, der Prozess- und der Ergebnisnutzen, bilden in einer speziellen Konstellation die notwendige Basis für den Kundennutzen: sollten die Prozesse nicht sichergestellt sein oder sollten schwerwiegende Prozessrisiken auftreten, kann gegebenenfalls der Kundennutzen ebenfalls gefährdet sein.

Im Kern werden für die strategische Perspektive die endkundenrelevanten, in Echtzeit verfügbaren Daten zur Beurteilung der Wettbewerbsposition herangezogen. Die einzelnen Analysefelder werden in Abbildung 4.6 als Customer Journey, Competitor Journey und Product Journey bezeichnet und bringen die kontinuierliche Veränderung der Einschätzungen zum Ausdruck. Damit soll auch dem Anspruch der permanenten (Weiter-)Entwicklung der Wettbewerbsposition Rechnung getragen werden.

Elemente	Prozessschritte	Informations-produkt	Maßnahmen
Ggfs. Prozess-nutzen im Auftrags-zyklus	Von der Bedarfs-feststellung bis zur Warenvereinnah-mung bzw. der Rückverfolgbar-keit bei Reklama-tionen	Grün/ Orange/ Rot (geprüft und doku-mentiert)	Erfassung: Prozesssicherheit/ -konformität Analyse: zu o. g. Szenarien Entscheidung zur Sicherstellung
Ggfs. Ergebnis-nutzen: Wirt-schaftlich-keit/ Risiken	Umwelt- und Prozessfaktoren mit Einfluss auf die Einzigartig-keit	Grün/ Orange/ Rot (geprüft und doku-mentiert)	Erfassung der Stati Analysen zum Ergebniseinfluss Entscheidung: Prozessanpassung oder Risikohand-ling
Kunden-nutzen: Kunden-werte Wettbe-werber Produkt-leistung	• Wertschätzung der Kunden • Stellung der Wettbewerber im Markt • Zeitliche Ent-wicklung der Produktleistung	• Prüfung der Einzigartigkeit • Prüfung der nachhaltigen Vorteilhaftigkeit • Prüfung der Kundenrelevanz der Produkt-leistung • Dokumentation der Prüfungen	• Erfassung: Customer/ Com-petitor/ Product Journey • Analyse: Ausmaß der Einzigartigkeit (Profilvergleich) • Entscheidung: Produktentwick-lung, Marketing

Abbildung 4.6: Zusammenfassende Konzeption zum Einkauf 4.0 aus der strategischen Perspektive (Kundennutzen)

Durch diese Nutzenebene wird die digitale Verbindung in der Supply Chain geschlossen, da die relevanten Beziehungen von der Kundenwertschätzung bis zu den Lieferantenleistungen in der Supply Chain thematisiert werden. Die zusammenfassende Darstellung aus der strategischen Perspektive ist der Abbildung 4.6 zu entnehmen.

Soweit zur konzeptionellen Ausgestaltung des Einkaufs 4.0 aus der Perspektive des Kundennutzens.

g. Ein ausführliches Zwischenfazit

Die Aussagen zur konzeptionellen Ausgestaltung des Smart Procurement in den drei Kategorien (notwendig, wichtig und strategisch bzw. Prozess-, Ergebnis- und Kundennutzen) machen deutlich, dass eine digitale Transformation differenzierte, zusätzliche Chancen für das einkaufende Unternehmen bietet. Die Abbildung 4.7 fasst den Konzeptaufbau in einer Übersicht zusammen.

Im Folgenden wird ein Fazit aus verschiedenen Perspektiven vorgenommen. Für jede der Nutzenebenen (strategisch, wichtig, notwendig) sind die einzelnen Tätigkeiten der Datenhandhabung (Erfassung, Analyse, Entscheidung) beschrieben und anschließend für die einzelnen Aufgaben (und Detailaufgaben) des Einkaufsmanagements ausgestaltet worden. Es wird im Folgenden zuerst ein Fazit aus verschiedenen Tätigkeiten vorgenommen.

80

Nutzen-transparenz	Daten-organisation	Einkaufs-management
• Kundennutzen (strategische Bedeutung) • Ergebnis-nutzen (wichtige Bedeutung) • Prozessnutzen (notwendige Bedeutung)	• Erfassung der relevanten Merkmale • Analyse zur Konformität, zu Grenz-werten oder Erstellung von Prognosen • Entscheidung zur Steuerung	• Lieferanten, z. B. Bestände, Nach-schub, Netzwerk, Bewertung, Verhandlung, Compliance, Risiko • Material, z. B. Bestände, Innovation • Einkaufsorganisation, z. B. Prozesse, Know-how, Verhandlung, Qualifika-tion, interne Projekte

Abbildung 4.7: Konzeptaufbau zur digitalen Transformation zum Einkauf 4.0

Aus Sicht der *Erfassung* lässt sich folgendes Fazit ziehen:

- Notwendig: Stamm- und Bewegungsdaten sind um relevante Prozesszustände und die vier Informations-produkte zu erweitern, die durch die Daten im Throughput und Output in allen Prozessschritten ergänzt werden.

- Wichtig: Der Umfang der Erfassung richtet sich nach den relevanten Analysen. Diese umfassen die Wirkungstreiber, die Produktivität und die Stati zum Compliance, sodass Zeitreihenanalysen, Benchmarks und Hochrechnungen erstellt werden können.

- Strategisch: Der Umfang der Erfassung richtet sich nach den Analysen zu den Kundenwertschätzungen, den Wettbewerberleistungen und den eigenen Leistungsentwicklungen.

Aus Sicht der *Analyse* lässt sich folgendes Fazit ziehen:

81

- Notwendig: Die Analyse erfolgt hinsichtlich des Prozessfortschritts und der Einhaltung der Grenzwerte (Compliance).

- Wichtig: Die Ergebniskonsequenzen der oben genannten Analyseschritte und der Ressourceneinsatz bilden die Grundlage dieser Ebene.

- Strategisch: Die Akzeptanz der Kunden in Form von Kaufwahrscheinlichkeiten und die Profilveränderungen der Wettbewerbsleistung bzw. der eigenen Performance stehen im Mittelpunkt dieser Ebene.

Aus Sicht der *Entscheidung* lässt sich folgendes Fazit ziehen:

- Notwendig: Die Warnung an die folgenden Prozessschritte bei fehlender Prozesskonformität bzw. die Bestätigung zur eingehaltenen Prozesskonformität bedingen (i) Steuerungsentscheidungen zur neuen Prozessfolge oder (ii) Führungsentscheidungen zur Einhaltung der Prozesse.

- Wichtig: Die Ergebniskonsequenzen bzw. die Entwicklung der Ressourcenverbräuche bedingen Steuerungsentscheidungen hinsichtlich der Lieferantenauswahl, der Inbound Logistik oder der Mengenentscheidungen im Materialnachschub.

- Strategisch: Die Entwicklung der Kundenwertschätzung bzw. der Leistungsentwicklung im Wettbewerb bedingen Produktanpassungen, Marketingmaßnahmen oder Strategieänderungen.

Im Rahmen des *Lieferantenmanagements* sind die Prozesssicherheit und das informatorische Produkt (1 bis 4) bei der Lieferantenabwicklung und der Inbound Logistik datentechnisch auszugestalten und die Datenerfassung sicherzustellen. Zudem sind die lieferantenbezogenen Risiken einschließlich der lieferantenbezogenen Prozessumwelt in die Analysen aufzunehmen. Für die sogenannten strategischen Lieferanten (zum Begriff siehe Darr, 2017 b, S. 7 f.) sind die endkundenrelevanten Performanceentwicklungen auch als Grundlage des Lieferantenportfolios einzubeziehen.

Im Rahmen des *Materialmanagements* ist die Erfassung der Prozessdaten der Beschaffungsgüter sicherzustellen. Die Risikoanalysen umfassen hierbei die Schwankungen der Materialpreise bzw. Wechselkurse und die Analysen zur Kapitalbindung in der Supply Chain. Aus einer strategischen Perspektive sind innovative, endkundenrelevante Komponenten in die Betrachtung aufzunehmen.

Das *Management der Einkaufsorganisation* schafft auf der notwendigen Ebene die Voraussetzungen zur Erfassung der Stammdaten und der Organisation der Datenübermittlung. Die Analysemöglichkeiten der Ergebnishebel sind durch die Festlegung der Treiber auch mit den Lieferanten zu vereinbaren. Auf der strategischen Ebene sind die entsprechenden Fähigkeiten zur Umsetzung der strategischen Erkenntnisse, z. B. zum Aufbau strategischer Partnerschaften mit Lieferanten, die Kernaufgabe des digital transformierten Einkaufs.

Die *strukturellen* Voraussetzungen einer digitalen Transformation können wie folgt beschrieben werden:

Durch das Vermeiden von Medienbrüchen und durch die Ausgestaltung der Schnittstellen ist die Durchgängigkeit des ‚digitalen Schattens' zu schaffen. Hierzu ist die Einkaufsorganisation personell und fachlich auszustatten, damit die zielgerichteten und fachlichen Verhandlungen im Lieferantennetzwerk geführt werden können. Ferner finden die relevanten Treiber auf der wichtigen und der strategischen Ebene Eingang in die Lieferantenbeurteilung.

Auf der *prozessualen* Ebene, d. h. der Auftragsbearbeitung, der Risikohandhabung und der Ausgestaltung wettbewerbsstrategischer Vorteile, bilden die operativen Prozessfortschritte den Startpunkt. Auf der Risikoebene sind die Wirkungen von Prozessabweichungen im Beschaffungsnetzwerk festzuhalten und zu analysieren, um steuernd oder planerisch handeln zu können. Auf der strategischen Ebene ist das Screening der Supply Chain die notwendige Grundlage für eine angepasste Ausgestaltung des Lieferantenportfolios bzw. der wettbewerbsorientierten Produktgestaltung.

In der Abbildung 4.8 sind die zentralen Aussagen der digitalen Transformation für die drei Kernaufgaben des Einkaufsmanagements und für die Struktur- bzw. Prozessdiskussion zusammenfassend dargestellt.

84

Ebene	Liefe-ranten-manage-ment	Material-manage-ment	Manage-ment der Einkaufs-organi-sation	Struktur	Prozess
Strate:-gisch Einzig-artigkeit	Auswahl Innova-tion Preferred Customer	End-kunden-relevante Kompo-nenten	Aufbau von Part-nerschaf-ten	Organisa-tion des Lieferan-tennetz-werkes	Supply Chain Screening (Scouting)
Wichtig: Ergeb-nishebel/ Risiko	Auswahl Prozess-steuerung Risiken Lieferan-tenbe-wertung	Material-risiken Bestände Preis-/ Logistik-risiken	Organisa-tionsrisiko Verhand-lung Know-how	Organisa-tion der Lieferan-tensteue-rung Risiko-profil	Effekte aus Pro-zessab-weichun-gen/ Um-welten
Notwen-dig: Prozess-sicherheit	Abwick-lung Logistik	Nach-schub-steuerung Logistik-prozesse	Organisa-tionspro-zesse Datenor-ganisation	Medien-brüche Flussgrad	Prozess-fortschritt Prozess-konfor-mität

Abbildung 4.8: Zusammenfassende Übersicht der digitalen Transformation für die Aufgaben des Einkaufsmanagements hinsichtlich Struktur und Prozess

Die digitale Transformation erfolgt über die unternehmensindividuelle Ausgestaltung der *einzelnen Aufgaben des Einkaufsmanagements* in den drei Nutzenstufen. Dies wird nun an mehreren Beispielen vorgenommen:

(1) Zunächst zur *Verhandlungsführung*: In der *Verhandlungsvorbereitung* können die Stati zur Performance (alle Ebenen), die Bereitschaft zur/Ausgestaltung der Prozessvernetzung (notwendige Ebene), die Stati zum Risiko (wichtige Ebene) und die Stati zum Strategiebeitrag der

Lieferanten (strategische Ebene) zeitnaher und aktueller festgestellt werden. In der *Durchführung* von Verhandlungen besteht dann die Möglichkeit zur sofortigen Überprüfung von Aussagen (alle Ebenen) oder zur Simulation von Varianten (strategische und wichtige Ebene). In der *Nachbereitung* von Verhandlungen, sind die Kontrolle von Übereinkommen (alle Ebenen), die Eckpunkte der Prozesskonformität (notwendige Ebene), die Steuerung von Risikoentscheidungen (wichtige Ebene) und das USP-Screening (strategische Ebene) hervorzuheben.

(2) Als zweites Beispiel wird der Einsatz von VR-(Virtueller Realitäts-)Brillen betrachtet. Die Möglichkeit dieses Einsatzes zur Analyse von Gestik und Mimik erscheint auf den ersten Blick visionär (siehe hierzu Kleemann/Glas, 2017, S. 30 f.). Es sollte jedoch bedacht werden, dass diese Möglichkeit von beiden Seiten benutzt werden kann und eine Verhandlung zum Aufbau einer persönlichen Beziehung zwischen Ein- und Verkäufer bzw. einer langfristigen Partnerschaft mit Nutzung von VR-Brillen aus heutiger Sicht als situativ befremdlich eingestuft werden könnte.

(3) Als drittes Beispiel werden die *Bestände* in der Supply Chain betrachtet. Auf der Prozessebene ist die Sichtbarkeit aller verfügbaren Bestände einer Komponente bzw. eines Produktes herzustellen. Dies gestattet auf der Lieferantenseite die selbständige Überprüfung und die selbständige Entscheidung zur Auftragsannahme. Auf der Kundenseite können damit frühzeitig Bedarfe ermittelt werden und

selbststeuernd die eigene Bestandsverfügbarkeit erhöht werden. Zudem können den bestehenden Beständen Risiko-werte im Abgleich mit prognostizierten Bedarfen, Preis-entwicklungen oder Knappheiten zugeordnet werden. In der strategischen Bewertung bedeuten Bestände zugleich auch einen schnellen Lieferservice durch die bestehende Liefer-verfügbarkeit.

Die Nachschubsteuerung kann auf der Grundlage der digitalen Transformation in Bezug auf deren Auslösung und die Lieferantenwahl prozesszuverlässiger erfolgen. Insbe-sondere die Risikobewertung ermöglicht hierzu zeitnah bessere Entscheidungen. Diese Zuverlässigkeit kann auch in strategischer Hinsicht zum Aufbau von Einzigartigkeit, z. B. bei vergleichbaren Produktleistungen, genutzt werden.

(4) Zur Chancennutzung mittels digitaler Transformation ist von den Einkaufsverantwortlichen *für alle Detailauf-gaben des Einkaufsmanagements* deren Umsetzung vorzu-nehmen. Die ganzheitliche Umsetzung aller Aufgaben einer Nutzenstufe bildet dann die Schlagkraft der *digitalen Strategie*, welche sich in den drei Ebenen konkretisiert.

Den Ausgangspunkt nimmt hierbei die *digitale Prozessstrategie*, bei der die relevanten Stati zur Sicher-stellung der Schritte im Auftragszyklus erfasst werden. Es wird empfohlen, zuvor eine Prozessanalyse zum Aufdecken und Vermeiden von Ineffizienzen vorzunehmen (siehe hierzu z. B. vom Brocke et al., 2014 oder Liebetruth, 2016 oder Deloitte, 2016). Grundlegend ist hierbei die Organisation der Daten und deren einzelne Erfassungen.

Die *digitale Ergebnisstrategie* (digitale Risikostrategie) fasst die analytischen Aufgaben zusammen. Dabei stehen die Produktivitäten und die Risiken, die in Form von Warnungen oder Frühwarnungen (Prognosen) in den einzelnen Stufen der Prüfung bzw. Entscheidung des Auftragszyklus zur Verfügung gestellt werden. Die *digitale Kundenstrategie* hingegen verbindet die Kundenseite mit der Lieferantenseite hinsichtlich der Wertschätzung einzelner Komponenten. Es ist offensichtlich, dass dies nur für bestimmte endkundenrelevante Komponenten zutreffen kann. In Bezug auf den Ergebnisnutzen können durch Bedarfsprognosen oder Kundenwanderungen weitere Vorteile erzielt werden.

In der Umsetzung einer digitalen Transformation für die strategische, die wichtige und die notwendige Ebene des Einkaufs ist anschließend die angepasste *Roadmap* auszugestalten. So wird für diese Ebenen eine ‚notwendige Roadmap‘, eine ‚wichtige Roadmap‘ und eine ‚strategische Roadmap‘ vorgeschlagen. Damit kommt zum Ausdruck, dass der Reifegrad zur digitalen Transformation unterschiedlich auszugestalten sein wird. Es ist ferner davon auszugehen, dass der Engpass einer digitalen Umsetzung an unterschiedlichen Punkten zwischen dem Lieferanten und dem einkaufenden Unternehmen auftreten wird.

Die Entscheidung zur Festlegung der Roadmap sollte sich an der Abfolge von der notwendigen über die wichtige zur strategischen Ebene orientieren. Zum einen bildet die notwendige Ebene eine wesentliche Voraussetzung für die

Datentransparenz und schafft zum anderen die Grundlage der notwendigen Analysen in den drei Nutzenebenen. Mit dem Aufschalten der ‚wichtigen Roadmap' sind zusätzliche Erfassungen und Analysen festzulegen, mit den Lieferanten zu vereinbaren und technisch umzusetzen. Mit der Ausgestaltung der ‚strategischen Roadmap' sind weitere Erfassungen und Analysen Bestandteil des Managementprozesses.

In der Konsequenz kann aus Sicht dieser Konzeption nicht von *dem* Einkauf 4.0 und nicht von *der* Roadmap der digitalen Transformation gesprochen werden, sondern (i) von der digitalen Transformation des notwendigen Einkaufs 4.0, (ii) von der digitalen Transformation des wichtigen Einkaufs 4.0 und (iii) von der digitalen Transformation des strategischen Einkaufs 4.0.

Die Abbildung 4.9 fasst in einem übergeordneten Sinne die Themen und die Nutzen einer digitalen Transformation zum Einkauf 4.0 auf allen Ebenen zusammen. Es kann daher von einer Strategieebene 1 (digitale Prozessstrategie und ‚notwendige' Roadmap), der Strategieebene 2 (digitale Ergebnis-/Risikostrategie und ‚wichtige' Roadmap) und einer Strategieebene 3 (digitale Marktstrategie und ‚strategische' Roadmap) gesprochen werden.

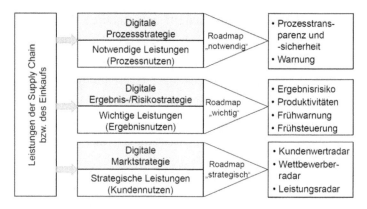

Abbildung 4.9: Kategorien der Nutzen, der digitalen Transformation und der Roadmap zum Smart Procurement

Durch diese konzeptionellen Ausführungen soll eine Lücke in der Umsetzungsakzeptanz der digitalen Transformation geschlossen werden. Die Analysen von Schuh et al. (2017) und Bogaschewsky/Müller (2016) weisen beide deutliche Hemmnisse in der Akzeptanz aus. Damit wird deutlich, dass die (strategischen) Entscheidungen in den Unternehmen immer eine gute und akzeptierte Begründung (Rationalität) benötigen, welche in der Regel aus der strategischen Position bzw. des betriebswirtschaftlichen Erfolges bestehen. Insofern ist es ratsam, die Rationalität direkt in die Konzeption zu integrieren. (Zur Rationalitätsdiskussion, insbesondere den fünf Kategorien der Rationalität, siehe Darr, 2017 c, S. 6 ff.). Dies ist in dieser Arbeit durch die drei Nutzenkategorien ‚Prozessnutzen/ notwendige Bedeutung‘, ‚Ergebnisnutzen/ wichtige Bedeutung‘

und ‚Kundennutzen/strategische Bedeutung' vorgenommen worden.

Soweit zur Konzeption einer nutzenbasierten, digitalen Transformation des Einkaufs zum Smart Procurement.

5. Zum guten Schluss

a. Vier Perspektiven der (kritischen) 4.0-Diskussion

Die digitale Transformation greift tief in die gesellschaftlichen Prozesse und Strukturen ein. Die Erfassung einer Vielzahl von Daten kommt fast einem Real-time-Screening aller Akteure einschließlich der Endkunden eines Unternehmens bzw. der Supply Chain gleich. Daher ist die 4.0-Diskussion auch nicht nur auf (i) die technische und (ii) betriebswirtschaftliche Ausgestaltung beschränkt. Neben diesen beiden Diskussionen findet auch (iii) eine rechtliche und (iv) eine gesellschaftliche Auseinandersetzung hierzu statt. Diese vier Perspektiven werden schon heute intensiv diskutiert: zum Teil wird die wettbewerbliche Notwendigkeit und Dringlichkeit hervorgehoben und zum anderen Teil wird eine sehr kritische Gegenposition eingenommen.

Die Sicherheitsanforderungen an Daten sind schon heute durch die Cyber-Attacken im Jahr 2017 für alle spürbar. *Gaycken* (2017) warnt sehr deutlich vor der grenzenlosen Technikgläubigkeit. Eine bisher vorherrschende Entwicklung von innovativer Funktionalität, hoher Innovationsgeschwindigkeit und hohem Volumen an Endgeräten hat aus seiner Sicht zu einer deutlichen Vernachlässigung der IT-Sicherheit und fehlenden Reife der Produkte geführt. Die aktuellen Cyber-Attacken sind ein sichtbarer Beleg seiner kritischen Einschätzung.

92

Die datenschutzrechtlichen Konsequenzen sind ein weiterer Eckpfeiler dieser Diskussion. Aus gesetz-geberischer europäischer Sicht mündet sie in der Daten-schutzgrundverordnung (DSGVO). Doch die Rechte an den Daten bleiben allerdings weiterhin als offene Diskussion bestehen.

Ferner wird in Szenarien zur zukünftigen Arbeitswelt von atmenden Organisationen ausgegangen, die mehrheitlich durch Dienst-/Werkverträge gekennzeichnet sind (Fischer et al., 2013, S. 57 ff.). Die Konsequenzen für das Arbeitsrecht, die Aufsichts- und Fürsorgepflicht der Führungskräfte oder die Konsequenzen der sozialen Sicherung sind dabei in Zukunft noch zu diskutieren.

Die gesellschaftliche Diskussion wird im Wesentlichen von den Konsequenzen auf die Anzahl der Beschäftigung geprägt. Den Anstoß hat die Studie von *Frey/Osborne* (2013) gegeben, die von einem wahrscheinlich massiven Abbau von Arbeitsplätzen ausgehen. Eine vergleichende Analyse erstellen *Kreutzer/Land* (2015). Noch nicht in dem Maße spürbar sind die Konsequenzen hinsichtlich der Anzahl und der Qualifikation der Arbeitnehmer in den einzelnen Volkswirtschaften. Die Studie von *Wolter et al.* (2015) gibt einen ersten Hinweis, dass es Gewinner und Verlierer geben wird. Die pessimistischen Prognosen zum massiven Abbau von Arbeitsplätzen schüren jedoch die Grundangst der Arbeitslosigkeit und stellen somit die Würde des Menschen in den Mittelpunkt der gesellschaftlichen Diskussion.

Weitere derartige gesellschaftlich kontroverse Diskussionen werden heute von Postman, Rifkin oder Hofstetter aus unterschiedlichen Perspektiven geführt. *Postman* (1994, S. 25ff.) hat schon früh mit seinen Ausführungen zum Technopol die ökologischen Wirkungen von Technologien in den Mittelpunkt gestellt. Eine Gesellschaft, die die digitale Transformation vornimmt, ist nie eine Gesellschaft mit *addierter* Technologie, sondern eine *ökologisch* neue Gesellschaft (im Sinne eines neuen Zusammenspiels aller gesellschaftlichen Teile). Insbesondere widmet sich Postman der aus seiner Sicht dritten Stufe der technologischen Entwicklung, dem sogenannten Technopol. Diese entmündigen den Menschen und greifen tief in das kulturelle Selbstverständnis einer Gesellschaft ein. Seine kritische Haltung gegenüber dieser Technologiestufe ist daher nicht überraschend.

Rifkin (2014) betont in seinen Ausführungen zur Null-Grenzkosten-Gesellschaft, dass durch die digitale Transformation diese Entwicklung begünstigt wird. Aus seiner Sicht sind künstliche Monopole und damit ein Ausschalten des Wettbewerbs notwendig, um den Aufbau der Infrastruktur finanziell zu ermöglichen.

Hofstetter (2016) stellt die Algorithmen (Künstliche Intelligenz) der erfassten und vernetzten Daten (Big Data) in den Mittelpunkt ihrer Überlegungen. Sie betont, dass der breite Datenzugang und deren Nutzung hierbei ‚nur' vertragsrechtlich legitimiert worden sind. Sie weist damit auf die fehlende demokratische Fundierung dieses gesellschaftlich relevanten Eingriffs hin.

Diesen Autoren ist gemein, dass es im Rahmen der digitalen Transformation nicht nur um die Einführung von einer technischen Apparatur geht, sondern dass die Struktur und die Ausgestaltung der ökonomischen und sozialen Prozesse von Gesellschaften nachhaltig beeinflusst werden wird. Das Zusammenspiel zwischen Politik und Wirtschaft, insbesondere zwischen internationaler Politik und global agierender Wirtschaft, wird zeigen, inwieweit diese Transformation im Gleichklang organisiert werden kann, oder ob ein Vorpreschen wirtschaftliche Entwicklungen durch gesellschaftspolitische Entscheidungen im Nachhinein zu heilen sind. Die gesellschaftlichen Entscheidungsträger sollten, beispielsweise angesichts der jüngsten weltweiten Cyber-Attacken vom Mai 2017, den notwendigen Handlungsbedarf klar vor Augen haben.

b. Was bleibt trotz 4.0 bestehen?

Mit der Entwicklung zum Einkauf 4.0 hat sich die Welt einerseits verändert, doch andererseits bleiben bestimmte Erkenntnisse und Zusammenhänge weiterhin gültig. Auf drei dieser bestehenden Merkmale wird im Folgenden eingegangen. Die Aussagen mögen trivial erscheinen, doch angesichts der grundlegenden Änderungen (auch der Begriff der kopernikanische Wende ist zu lesen, siehe BVL, 2017, S. 4) benötigt eine solche Veränderung auch Fixpunkte.

(1) Der erste Fixpunkt bezieht sich auf die Bestimmung des *unternehmerischen Erfolges*. Es wird weiterhin gelten, dass sich der Gewinn aus dem Umsatz abzüglich der Kosten ergibt. Der Umsatz seinerseits hängt von den Kundenentscheidungen ab, die mit ihren Käufen die Wertschätzung der Produkte zum Ausdruck bringen und damit die Wertschöpfung des betrachteten Unternehmens erst ermöglichen. Es gilt auch weiterhin, dass die Unternehmen periodisch eine Erfolgsrechnung erstellen, in dem auch das Risiko in der Bilanz deutlich wird. Auch die Risikoverteilung in der Wertschöpfungskette wird vorgenommen und in einer der Bilanzen erkennbar sein. Die Kosten eines Unternehmens setzen sich aus den Kosten der Infrastruktur (Fixkosten bzw. Kostenträgergemeinkosten) und den Prozesskosten (variablen Kosten bzw. Kosten des Geschäftsbetriebs) zusammen. Fixkosten brauchen Auslastung, damit die durchschnittlichen Stückkosten einen geringen Wert annehmen. Die Investitionen in die Infrastruktur sollten auf lange Sicht aus der Marge gedeckt werden können. Dies stellt für Investoren einen Anreiz dar, diese Investitionen auch zu tätigen.

(2) Die Prozesse in der Wertschöpfungskette setzen sich zusammen aus den *physischen* Prozessen und den *elektronischen* Prozessen. Die Überwindung von Raum und Zeit bei den physischen Prozessen ist zeit- und energieaufwendig. Man denke nur an die Durchschnittsgeschwindigkeiten von Containerschiffen oder LKWs. Demgegenüber stehen die elektronischen Prozesse, die mit Lichtgeschwindigkeit und ohne bemerkbare Kosten (Datenflatrate) vollzogen werden.

Aus diesem Grund ist der Versuch, die Digitalisierung in den Vordergrund zu rücken, nicht verwunderlich, da hierdurch ein enormer Zeit- und Kostenvorteil erzielt werden kann. Diese Effekte setzen ein Mindestmaß an Standards voraus, so wie sie in den physischen logistischen Prozessen mit den Containern oder den Paletten bestehen. Die informatorischen Standards manifestieren sich beispielsweise im UN EDIFACT Standard oder denen von GS1 Global, z. B. für den Barcode (siehe Hausladen, 2016, S. 53 ff.). Damit sichern Standards die weite Verbreitung der Technologie. Diesen grundsätzlichen Vorteilen steht allerdings die sogenannte Technologiefalle gegenüber. Denn wenn sich alle Unternehmen ‚standardisiert' verhalten, ergeben sich keine Möglichkeiten mehr, sich differenziert im Wettbewerb zu präsentieren.

(3) Die dritte Konstante beschreibt die *Marktprozesse* die seit Jahrhunderten bestehen. Offene Märkte bedeuten mehr Anbieter, mehr Wettbewerb und schnellere Innovationszyklen. Man denke nur an die Bildung der Europäischen Union und der Freihandelszonen, die sich genau diesen Umstand zum Wohle aller zu Nutze machen wollen. Die Digitalisierung und die Standardisierung der physischen und informatorischen Prozesse bedeuten de facto eine Öffnung der Märkte und erhöhen demzufolge die Wettbewerbsintensität. Infolgedessen sind die Tendenzen zur Oligopolbildung bzw. zur Monopolbildung zu beobachten, da insbesondere die notwendigen Investitionen bei höherer Innovationsgeschwindigkeit nur von wenigen Unternehmen

aufgebracht werden können (siehe hierzu z. B. Rifkin, 2014, S. 9 ff.). Sollte auf der anderen Seite der Investitionsbedarf geringer ausfallen, so bestehen die Tendenz der Polypolbildung und damit eine Erosion der Renditen. Beide Entwicklungen sind derzeit zu beobachten.

Die Ausführungen machen deutlich, dass mit der Öffnung der Märkte der Druck zur fokussierten, einzigartigen Marktleistung (Einzigartigkeit) steigt und der Einkauf an marktstrategischer Bedeutung gewinnen wird. Hier können dann strategische Allianzen in der Supply Chain die Rahmenbedingungen der einzigartigen Produktleistung mit den Prozess-, Ergebnis- und Kundennutzen intelligent verknüpft werden. Diese Intelligenz ist derzeit noch den Verantwortlichen und nicht den Softwareapplikationen vorbehalten.

Durch die Digitalisierung bzw. die digitale Transformation bleiben diese drei Konstanten bestehen und sollten bei der gesellschaftlichen Bewertung und der politischen Ausgestaltung der ökonomischen Rahmenbedingungen stets betrachtet werden.

c. Fazit

Zunächst wird die Definition von Einkauf 4.0 noch einmal in Erinnerung gerufen und wiederholt. In dieser Arbeit ist Einkauf 4.0 definiert als eine als *eine spezifische*

*Organisationsform des Auftragszyklus, in der umfang-
reiche(re) Daten der Wertschöpfung als zusätzliche Informationen zur flexibleren, zeitnahen und autonomen
Steuerung und Ausgestaltung der Einkaufsprozesse herangezogen werden können.*

*Das Kernelement des Einkaufs 4.0 ist die intelligente
Organisation der Auftragsabwicklung – das Smart
Procurement. Sie zeichnet sich durch eine neue Intensität
sozio-technischer Abstimmungen aller an der Bestellung
beteiligten Akteure und Ressourcen aus. Im Mittelpunkt steht
eine Vernetzung von autonomen, sich situativ selbst
steuernden, wissensbasierten, sensorgestützten und räumlich verteilten Beschaffungsressourcen (Einkaufsorganisation und Lieferanten in der Supply Chain mit Produktions-
und Logistiksystemen) inklusive deren Planungs-,
Abwicklungs- und Steuerungssystemen. Die Aufträge und
Beschaffungsgüter des Smart Procurement sind eindeutig
identifizierbar, jederzeit lokalisierbar und kennen ihre
Historie, den aktuellen Zustand sowie alternative Wege zum
Zielzustand. Dies schließt den Weg der Produkte bis zum
finalen Endkunden mit ein. Alle Sensoren im Smart
Procurement stellen ihre Daten als semantisch beschriebene
Dienste bereit, die von den entstehenden Komponenten,
Produkten und der Prozessumwelt gezielt angefordert
werden können.*

Hierauf aufbauend lassen sich abschließend drei
Kernaussagen formulieren. Als erstes Fazit bleibt
festzuhalten, dass die digitale Transformation der Fertigung

(*Industrie 4.0*) ohne *Logistik 4.0* und ohne *Einkauf 4.0* nicht umsetzbar ist. Beide Kernfunktionen der Wertschöpfung sind gleichberechtigte Elemente neben der industriellen Transformation zur Industrie 4.0. In dieser Arbeit wurde der Einkauf 4.0 behandelt. Zur Logistik 4.0 wird auf die Studie des Wissenschaftlichen Beirats der Bundesvereinigung Logistik e. V. (BVL, 2017a) verwiesen.

Als zweites Fazit bleibt festzuhalten, dass die digitale Transformation des Einkaufs (Einkauf 4.0 bzw. Smart Procurement) aus drei Transformationsebenen besteht. Es wird deshalb vom *‚notwendigen Einkauf 4.0‘*, vom *‚wichtigen Einkauf 4.0‘* und vom *‚strategischen Einkauf 4.0‘* gesprochen. Dies basiert auf Konzepten zu den drei Nutzendimensionen Prozess/ Ergebnis/ Kunde, welche durch unterschiedliche Erfassungen, Analysen und Entscheidungen ausgestaltet werden.

Als drittes Fazit bleibt festzuhalten, dass die Ausgestaltung der *Roadmap* ebenfalls auf diesen drei Ebenen vorzunehmen ist. Die Umsetzungsreihenfolge sollte von der notwendigen über die wichtige zur strategischen Ebene vorgenommen werden. Die Ausgestaltung der jeweiligen Roadmap hat sich am jeweiligen Engpass auszurichten.

Angesichts der Umsetzungsfragen bedarf es mehr als einer Investition in die Technik. Vor dem Hintergrund des globalen Wettbewerbs wird der wirtschaftliche und gesellschaftliche Druck zur Aufrechterhaltung und Weiterentwicklung des Lebensstandards deutlich. Vor diesem

Hintergrund sind die Bestrebungen Japans mit ihrem Regierungprogramm ‚*Society 5.0: das Zeitalter der Vernetzung*' zu verstehen. Dabei steht nicht die Durchnummerierung der Organisationsgrade von Supply Chains, sondern die nachhaltige Eigenständigkeit einer nationalen Strategie im Blickpunkt.

Ich wünsche jedem Leser eine bewusste, weitsichtig rationale und gesellschaftlich tragfähige Bewältigung seiner digitalen Herausforderungen.

6. Literaturverzeichnis

Batran, A.; Erben, A.; Schulz, R.; Sperl, F. (2017): Procurement 4.0. A Survival Guide in a Disruptive World, Frankfurt/New York 2017

Bogaschewsky, Ronald; Müller, Holger (2016): Industrie 4.0: Wie verändern sich die IT-Systeme in Einkauf und SCM, in Zusammenarbeit mit Bundesverband Materialwirtschaft, Einkauf und Logistik e. V. (BME) und Bundesverband Materialwirtschaft, Einkauf und Logistik in Österreich (BMÖ), Würzburg/Leipzig 2016

BVL (2017a): Logistik als Wissenschaft – zentrale Forderungen in Zeiten der vierten industriellen Revolution. Positionspapier des Wissenschaftlichen Beirats der Bundesvereinigung Logistik e. V. (BVL), Bremen 2017

BVL (2017b): Trends und Strategien in Logistik und Supply Chain Management, Bremen 2017

Chui, M.; Manyika, J.; Miremadi, M. (2016): Where machines could replace humans – and where they can't (yet), in: McKinsey Quarterly, July 2016, S. 1-12

Darr, W. (1992): Integrierte Marketing-Logistik, Wiesbaden 1992

Darr, W. (2017a): Grundfragen des Einkaufsmanagements, Hamburg 2017

Darr, W. (2017 b): Spezialfragen des Einkaufsmanagements, Hamburg 2017

Darr, W. (2017 c): Betriebswirtschaftliche Konzept im Lichte der Rationalität. Homo oeconomicus - Optimierung - Effizienz - Supply Chain Management - Lokale Cluster - Unternehmensstrategien - Selbstorganisation, Hamburg 2017

Deloitte (2016): Operations Insights: Digitalisierung im Einkauf. Bausteine einer digitalen Strategie für den Einkauf, https://www2.deloitte.com/content/dam/Deloitte/de/Documents/operations/Digitalisierung%20Einkauf_04-2016_safe.pdf, (Abruf: 15.10.2017)

Deloitte (2017): The Deloitte Global Chief Procurement Officer Survey 2017: Growth: the cost and digital imperative, London 2017, www2.deloitte.com/de/de/pages/operations/articles/cpo-survey-2017.html, (Abruf: 15.10.2017)

Fischer, Heinz, et al. (2013): Unternehmen, in: Arbeitswelt 2030. Trends, Prognosen, Gestaltungsmöglichkeiten, Hrsg.: Jutta Rump, Norbert Walter, Stuttgart 2013, S. 57-82

Frey, Carl B.; Osborne, Michael A. (2013): Future of employment. How susceptible are jobs to computerisation, Oxford 2013, in: http://www.oxfordmartin.ox.ac.uk/downloads/academic/The_Future_of_Employment.pdf (Abruf: 18.09.2017)

Gaycken, Sandro; Rösch, Frank (2017): „IT-Technologien sind extrem verwundbar und unreif", Interview in: Best in Procurement, Vol. 8, Heft 3, 2017, S. 28-31

Haßmann, Volker (2017): Mut zum Risiko: Geschäfts-modelle neu denken, in: Best in Procurement, Vol. 8, Heft 3, 2017, S. 20-23

Hausladen, Iris (2016): IT-gestütze Logistik, Systeme – Pro-zesse – Anwendungen, 3. Aufl., Wiesbaden 2016

Hofstetter, Y. (2016): Ende der Demokratie, München 2016

Kagermann, H.; Wahlster, H.; Helbig, J. (2012): Um-setzungsempfehlungen für das Zukunftsprojekt Industrie 4.0. Deutschlands Zukunft als Produktions-standort sichern, Abschlussbericht des Arbeitskreises Industrie 4.0, Promotorengruppe Kommunikation der Forschungsunion Wirtschaft, Hrsg.: H. Kagermann, W. Wahlster, J. Helbig, Berlin 2012. (In der Endfassung 2013 erschienen)

Kim, W. C.; Mauborgne, R. (2005): Der blaue Ozean als Strategie. Wie man neue Märkte schafft, München 2005

Krauskopf, Sinja (2017): Der kluge Einkauf – Was ist Einkauf 4.0?, http://www.vandermeergruppe.de/der-kluge-einkauf-einkauf-4-0/ (Abruf: 29.04.2017)

Kreutzer, R.; Land K.-H. (2015): Dematerialisierung – Die Neuverteilung der Welt in Zeiten des digitalen Darwinismus, Köln: Futurevisionpress 2015

Kreutzer, Ralf; Neugebauer, Tim; Pattloch, Annette (2017): Digital Business Leadership: Digitale Transformation – Geschäftsmodell-Innovation – agile Organisation – Change-Management, Wiesbaden 2017

Liebetruth, Thomas (2016): Prozessmanagement in Einkauf und Logistik, Instrumente und Methoden für das Supply Chain Process Management, Wiesbaden 2016

Mau, Steffen (2017): Das metrische Wir. Über die Quantifizierung des Sozialen, Berlin 2017

Mühlberger, Annette (2017): Auf die Plätze, fertig, vernetzt!, in: Best in Procurement, Vol. 8, Heft 3, 2017, S. 14-17

Obermaier, Robert (2016): Industrie 4.0 als unternehmerische Gestaltungsaufgabe: Strategische und operative Handlungsfelder für Industriebetriebe, in: Industrie 4.0 als unternehmerische Gestaltungsaufgabe. Betriebswirtschaftliche, technische und rechtliche Herausforderungen, Hrsg.: R. Obermaier, Wiesbaden 2016, S. 3-34

Otto, Andreas (2003): Supply Chain Event Management, in: International Journal of Logistics Management, Vol. 14, Iss. 2, 2003, S. 1-13

O. V. (2017a): Digitalisierung erfordert konsequenten Wandel, in: Log.Letter 4/2017, S. 2-3

O. V. (2017b): Nachholbedarf im E-Procurement, in: Best in Procurement, Vol. 8, Heft 3, 2017, S. 6

Pellengahr, Karolin; Schulte, Axel; Richard, Judith; Berg, Matthias (2016): Vorstudie Einkauf 4.0. Digitalisierung des Einkaufs, Hrsg.: Fraunhofer-Institut für Materialfluss und Logistik IML und Bundesverband Materialwirtschaft, Einkauf und Logistik e. V. (BME), Dortmund/Frankfurt 2016

Picot, A.; Reichwald, R.; Wigand, R. (2003): Die grenzenlose Unternehmung. Information, Organisation und Management, 5. Auflage, Wiesbaden 2003

Porter, M. (1980): Competitive Strategy: Techniques for Analyzing Industries and Competitors, New York: Free Press 1980

Porter, M.; Heppelmann, J. E. (2015): How Smart, Connected Products Are Transforming Companies, in: Harvard Business Review, Vol. 93, Iss. 10 (Oct. 2015), S. 97-114

Postman, Neil (1994): Das Technopol, Frankfurt am Main 1994

PwC (2014): Industrie 4.0 – Chancen und Herausforderungen der vierten industriellen Revolution, www.strategyand.pwc.com/reports/industrie-4-0, (Abruf: 07.06.2017)

Rifkin, J. (2014): Die Null Grenzkosten Gesellschaft. Das Internet der Dinge, kollaboratives Gemeingut und der Rückzug des Kapitalismus, Frankfurt am Main 2014

Roland Berger (2015): Die digitale Transformation der Industrie. Studie im Auftrags des Bundesverbandes der Deutschen Industrie e. V., (Abruf: 07.06.2017), www.bdi.eu/media/user_upload/Digitale_Transform ation.pdf

Roth, A. (2016): Einführung und Umsetzung von Industrie 4.0, Hrsg.: A. Roth, Berlin/ Heidelberg 2016

Schuh, G.; Blum, M.; Reschke, J.; Birkmeier, M. (2016): Der Digitale Schatten in der Auftragsabwicklung, in: Zeitschrift für wirtschaftlichen Fabrikbetrieb (ZWF), Jg. 111, H. 1-2, 2016, S. 48-51

Schuh, G., Anderl, R., Gausemeier J., ten Hompel, M., Wahlster, W. (2017), (Hrsg.): Industrie 4.0 Maturity Index. Die digitale Transformation von Unternehmen gestalten, (acatech STUDIE), München 2017

Taleb, Nassim (2008): Schwarze Schwäne, München 2008

Taylor, F.W. (1919): The Principles of Scientific Management, New York/ London: Harper & Brothers 1919

vom Brocke, Jan; Schmiedel, Theresa; Recker, Jan; Trkman, Peter; Mertens, Willem; Viaene, Stijn (2014): Ten principles of good business process management, in: Business Process Management Journal, Vol. 20, Issue 4, 2014, S. 530-548

Weber, Jürgen (2012): Logistikkostenrechnung, 3. Aufl., Berlin/ Heidelberg 2012

Wegener, Dieter (2017): „Industrie 4.0" – wie die Digitalisierung die Produktionskette revolutioniert, Vortrag auf der 3. INDIGO-Konferenz „Digitale Produktion" an der OTH Amberg-Weiden am 30. Juni 2017

Wolter, Marc Ingo et al. (2015): Industrie 4.0 und die Folgen für Arbeitsmarkt und Wirtschaft. Szenario-Rechnungen im Rahmen der BIBB-IAB-Qualifikations- und Berufsfeldprojektionen, Hrsg.: Institut zur Arbeitsmarkt- und Berufsforschung der Bundesagentur für Arbeit, IAB Forschungsbericht 8/2015, Nürnberg 2015

7. Stichwortverzeichnis

Veröffentlichungen von Prof. Dr. Willi Darr beim tredition Verlag Hamburg

Grundfragen des Einkaufsmanagements

Hardcover   ISBN 978-3-7345-8717-7
Paperback   ISBN 978-3-7345-8716-0
e-Book   ISBN 978-3-7345-8718-4

104 Seiten mit 9 Tabellen und 2 Abbildungen

Spezialfragen des Einkaufsmanagements

Hardcover   ISBN 978-3-7439-0213-8
Paperback   ISBN 978-3-7439-0212-1
E-Book   ISBN 978-3-7439-0214-5

148 Seiten mit 14 Tabellen und 5 Abbildungen

Betriebswirtschaftliche Konzepte im Lichte der Rationalität. Homo oeconomicus - Optimierung - Effizienz - Supply Chain Management - Lokale Cluster - Unternehmensstrategien - Selbstorganisation

Hardcover   ISBN 978-3-7345-9279-9
Paperback   ISBN 978-3-7345-9278-2
e-Book   ISBN 978-3-7345-9280-5

116 Seiten mit 11 Tabellen und 5 Abbildungen

Persönliche Anmerkungen & Notizen

....

....

....

....

....

....

....

....

....

....

....